부모교육 및 상담을 위한
정신역동의 이해

GOOD ENOUGH PARENTS

부모교육 및 상담을 위한 정신역동의 이해

어떤 부모가 좋은 부모일까?

강진아 지음

좋은땅

추천사

정연득

서울여자대학교 기독교학과 교수

부설 가족상담 연구센터 센터장

    강진아 박사님의 『부모교육 및 상담을 위한 정신역동의 이해』를 독자들에게 소개하게 되어 기쁘게 생각합니다. 강 박사님은 저와 서울여자대학교에서 제자와 동료로서 오랫동안 함께 일한 신뢰할 만한 학자이자 임상가입니다. 지금은 도봉구 가족센터의 센터장으로 일하면서 지역사회의 가족을 돌보는 중요한 역할을 담당하고 있습니다. 그동안의 연구와 현장 경험을 토대로 저술한 이 책이 자녀를 양육하고 있는 모든 부모에게 실제적인 도움을 주는 교양서이자, 대학 수업에서 사용할 수 있는 훌륭한 교재가 되리라 기대합니다. 이 책이 가지는 독특한 장점은 부모가 자녀의 성장을 돕는 환경을 제공하는 방안을 찾기 위해 다양한 전통의 정신분석 이론가들을 연구함과 동시에, 가족체계적 관점에까지 연구의 범위를 확대해서 건강한 가족을 세워가는 방안을 모색하고 있다는 점입니다. 이러한 통합적 관점은 이 책의 활용범위와 적용 가능성을 높여주리라 기대합니다. 자녀 양육 문제로 고민하는 부모님들과 그들을 돕는 현장 전문가들에게 일독을 권합니다.

들어가며

어떤 부모가 좋은 부모일까?

부모가 되는 적절한 시기가 있나?

부모가 되는 준비는 따로 있나?

현실에서 이런 질문에 관심을 갖는 사람이라면 충분히 좋은 부모가 될 확률이 높다. 왜냐하면 실제적으로 다가오기 전 미리 생각하기에는 큰 책임감이 따르는 어려운 질문을 이미 고민하고 있기 때문이다. 부모가 된다는 것은 나와는 전혀 다른 존재인 자녀가 만나 무언가를 만들어 나가는 새로운 시작이다. 그럼에도 필멸의 존재인 우리가 불멸의 존재가 되어 갈 수 있는 것은 이어지는 다음 세대들을 통해서일 것이다.

필자는 부모들과 함께 아이들을 교육하고 성장시키고자 애쓰는 어린이집과 유치원 교사, 가족 상담사들을 위해 강의를 하다가 기존의 부모교육 저서들이 부모의 행동(Doing)에 초점을 맞추고 있다는 한계를 접하게 되었다. 따라서 부모가 자신의 존재(Being)에 대해 어떻게 받아들이고 어떤 존재로 자녀들과 관계패턴을 맺고 있는지에 대해 성찰하는 안내서가 필요함을 느꼈다.

이 책에서는 부모교육과 부모 상담을 구별하여 다루지 않고 부모교육 및 상담으로 포괄하여 사용하였다. 이 책이 독자들에게 먼저 본인 자신의 관계를 이해하는 출발점이 되고, 이후 교육과 상담의 현장에서 만나는 가족들을 이해하는 데 도움이 되기를 바란다. 이러한 이해의 확장을 위해 정신역동적 접근-자아심리학, 자기심리학, 애착이론, 대상관계이론-을 통해 살펴보았다.

1부에서는 지금 여기에서 한국 문화적 시각으로 부모라는 대상을 이해하기 위해, 동양과 서양, 과거와 현재 그리고 중요한 엄마됨의 카오스를 살펴보고자 하였다.

2부 1장에서는 정신역동의 흐름에서 자아심리학자 Margaret Mahler, 자기심리학자 Heinz Kohut, 애착이론가 John Bowlby, 대상관계이론가 Melanie Klein, Donald Winnicott, Christopher Bollas, Otto Kernberg의 이론적 접근을 살펴볼 것이다. 2장에서는 이론을 바탕으로 부모 자녀 관계에서 중요한 개념인 투사적 동일시, Good Enough Mother의 모성적 돌봄이 제공하는 촉진적 환경, 최적의 좌절, 제네라와 트라우마를 통해 부모로서 어떤 대상이 되어 줄 것인지 숙고할 것이다.

3부 1장에서는 부모교육 및 상담의 실제 적용을 위해 가족관계를 시스템이론으로 이해하는 중요한 개념들을 다루었다. 가정이란 정원을 가꾸기 위해 가족 내 다름을 수용하고, 분화수준, 친밀함, 통제의 정도를 통해 분화도를 높이기 위한 이해를 돕고자 하였다. 2장에서는 현대사회의 가족 내 이슈가 되는 이혼, 가정폭력, 다양한 문화의 가족들을 이해하기 위해 부모교육 및 상담적 접근에서 유의해야 할 것들에 대해 안내하였다.

부모교육과 상담에 대해 이 책에 실린 다양하고 생산적인 관점들은 대상관계 이론가들과 가족치료 이론가들의 어깨에 올라타 배운 것들이다. 전 세계적으로 가장 낮은 출산율과 영아의 유기와 살인이라는 사각지대가 드러나고 있는 한국 사회에서 대상관계 심리학과 부모교육의 만남이 실제 현장에서 부모 상담의 기초가 되어 부모들이 자신의 존재를 먼저 수용하고 환대하도록 돕는 여정의 시작이 되기를 기대한다. 아이는 부모와 "함께"이기 때문이다.

2023년 7월 강진아

목차

1부
부모교육 및 상담의 개요

A Woman with a Little Child on her Lap, by Rembrandt

1장

부모교육 및 상담을 위한 선이해

1. 부모교육의 필요성

한 가족이 유능한 사회집단으로 살아가기 위해서는 주어진 상황 속에서 긍정적인 영향을 주고받으며, 이를 유지하고 향상할 수 있는 건강한 의사소통 방식, 사회적 문제해결 능력, 좋은 대상과 관계 맺을 줄 아는 감각 등의 사회적 기술들을 발달시켜야 한다. 가정 내에서 부모 자녀 관계는 아동의 인격 형성에 중요한 의미를 갖는 것은 물론이며 현대 사회에 급증하는 정신병리의 요인 중 하나로도 부모 자녀 관계가 중요하게 여겨지고 있다. 정신분석의 한 줄기에 있는 대상관계이론가들은 유아에게 미치는 대상의 중요성과 자기를 형성하는 시기에 대해 조금씩 다른 견해를 주장하고 있지만, 그중에서도 생애 초기 대상관계인 주 양육자의 중요성은 모두가 강조하고 있다.

마가렛 말러(Margaret Mahler)는 36개월 이전의 어머니의 역할을 매우 강조하였고, 도널드 위니캇(Donald Winnicott)은 아동의 성장을 촉진하는 환경으로 제공되는 어머니를 "충분히 좋은 엄마 / 이만하면 괜찮은 엄마(Good Enough Mother)"라고 보았다. 생애 초기의 양육자인 부모는 아이에게 있어 거의 대부분이고 절대적인 환경, 우주가 된다. 이처럼 중요한 부모의 양육 태도는 단순한 기능의 습득이나 양육 기술의 향상과는 다른 차원에서 다루어져야 할 것이다.

대상관계이론에서는 관계의 패턴과 양육의 질이 아이의 전 생애에 영향을 미치게 되고 더 나아가 다음 세대로까지 전수된다고 주장한다. 부모 각자 한 개인의 자아 혹은 자기가 형성되는 과정에서 대상이 미친 영향과 관련된 대상의 그림자가 자신에게 드리워져 자아를 형성하게 되고, 이러한 자아는 가족 내에서 각 개인으로 따로 떨어져 있는 것이 아니라 서로 영향을 주고받는 관계 속에 있게 된다. 부부 서로의 투사적 동일시(Projective Identification)는 아이에게로 그리고 다시 아이가 부부 관계에 영향을 미치는 등 서로 영향을 주고받으면서 대상관계의 패턴들이 자기 안에 내면화된다는 것이다. 그중에서도 가장 반복되는 대상관계는 자기가 자기 자신과 맺는 관계이기도 하다.

마이클 아이건(Michael Eigen)의《독이 든 양분》에서는 사람들이 살아가면서 섭취하는 독으로부터 양분을 분리해 내며 살아가는 치열함에만 집중하기보다 본래 그들의 실존 안에 있던 독이 든 양분에 주목한다. 우리는 문화적이고 정치적인 독의 홍수 속에서 살며 일상의 사건과 사고 속에서 양분과 독의 측면들에 의해 오염되기도 하고 고양되기도 한다. 정서적인 양분과 정서적인 독소는 그 차이를 구별하기 매우 어렵다. 어떤 사람들은 자기 증오에 의해 독을 갖게 되어 자기 삶을 장기적인 재난으로 느끼게 되기도 한다.

사랑이 독을 품고 있을 때, 자녀를 사랑하는 부모는 자신의 깊은 감정을 느끼는 대상으로써 자녀를 사용하여 자녀에게 무한한 부정적인 에너지를 쏟아 부을 수 있다. 자녀를 증오하는 것이 아니라 분노의 억압된 에너지가 아이에게 흘러들어가서 좋음과 나쁨이 뒤섞인 혼합물이 만들어졌기 때문이다. 부모의 사랑은 순수하지 않으며, 양분 안에 있는 독을 피할 수 있는 사람은 없다. 독에 오염된 집단이 있다고 가정해보자. 이미 오염된 집단은 자신들을 정상이며, 나아가 스스로를 건강하다고 생각하지만, 다른 집단들에게는 화를 미치게 할 수 있다. 마찬가지로 정상으로 여기는 개인 역시 오염된 채로 사회적 및 정치적 삶에 영향을 미치게 될 것이다.

따라서 우리는 진정으로 우리의 삶에 양분을 주는 것은 무엇으로 이루어졌는가에 대해 질문을 해야 한다. 양분과 혼합된 정서적인 독성이 과도하게 섞여 있을 경우 삶에 대한 냉소적인 느낌, 죽고 싶은 소망 등이 야기될 수 있다. 양분을 흡수하려면 정서적인 독소도 함께 흡수할 수밖에 없지만, 상당한 양의 독소에 적응하며 살아 온 사람은 오염되지 않은 양분을 흡수할 기회가 있어도 그 기회를 피하는 방식으로 반응한다. 심지어 독소가 섞이지 않은 양분은 흡수하지 못할 수도 있다.

마이클 아이건은 자신을 기형으로 만드는 부모에 의해 양분을 제공받아, 양분에 의해 기형이 되는 곤경에 처한다고 보았다. 알프레드 비온(Alfred Bion)도 개인의 행복감과 활력이 문제를 일으키는 특성과 같은 것으로부터 나온다고 하였다. 이처럼 양분과 독소가 구분되지 않는다는 사실은 외부 대상을 문제로 여기는 우리의 초점을 내부로 안내해 주고 있다.

1990년대 이후에 접어들어서야 대상관계이론을 기초로 한 부모교육 프로그램들이 이루어지고 있는데, 이는 부모가 양육 기술을 익혀 부모다운 행동(Doing)을 해야 하는 것으로부터 관점을 변화시켜 부모 자신이 어떤 존재(Being)로 자녀와 관계 맺어 나갈 것인가로 초점을 돌리게 하였다. 부모들은 자신의 아이를 미워할 수 있는 이유를 현실에서 많이 갖게 되지만, 부모 자신이 그것을 처리하고 감당할 수 있는 힘 역시 가지고 있다. 자녀를 잘 양육하고 싶은 부모들에게 현실에서 "충분히 좋은 대상 / 이만하면 괜찮은 대상"으로 제공되는 부모가 자녀에게 가장 촉진적 환경이 될 수 있음을 아는 것은 매우 중요하다.

자녀를 보란 듯이 잘 키우기 위해 본인에게조차 힘들었던 양육 방식을 익숙하다는 이유로 그대로 답습하여 반복하거나, 그 시대의 유행을 무조건적으로 따르지 않아야 한다. 무엇보다 자녀에 대한 양육 기술만이 아닌 관계 속에서 주고받게 되는 감정적 통찰을 함께 이해할 때, 부모 된 자기 자신을 수용할 수 있을 것이다. 여성에게 주로 양육 부담이 전가되어 있던 한국 사회에서 그러한 촉진적 환경으로서의 주 양육자인 어머니의 역할을 이해하고 지지해 주는 가족들, 특히 아버지의 공감대가 형성되어진다면 충분히 좋은 환경으로 부모들이 자녀들에게 제공될 수 있을 것이다.

그렇다면 '충분히 좋은 부모'의 개념을 한국적인 상황에 적용하기에 동양과 서양의 사고방식에 차이는 없는지? 그것으로 인해 같은 내용이라도 과정상에 다르게 받아들여지는 경우는 없는지? 어떠한 과정의 변형 없이 바로 적용할 수 있는지? 여러 의문점에 기초하여 조금 더 살펴볼 필요가 있을 것이다. 왜냐하면 같은 행동이라도 그 사회 나름의 가치관과 문화에 따라 위로와 격려를 받기도 혹은 비난과 비판을 받기도 하기 때문이다. 특히 대부분의 연구 결과들이 서양인을 중심으로 그들의 사고방식에 따라 연구된 보편성을 띠고 있어 한국적 상황에서 고려되어야 할 필요성이 있다.

2. 동양과 서양의 차이

먼저, 서양인의 시각에서 리처드 니스벳이 쓴 《생각의 지도》를 통해 동양과 서양의 사고방식에 대한 차이를 살펴보는 것으로 보다 폭 넓은 이해를 바탕으로 대상관계이론의 적용에 신중함을 기하고자 한다. 니스벳은 서양인들은 사람을 개별적이고 독립적인 존재로 보았고, 자신의 운명을 스스로 통제할 수 있다고 믿은 반면 동양인은 사람을 사회적이고 상호 의존적인 존재로 보고, 가장 중요한 것은 조화라고 하였다. 유교에서는 조화란 인간들 사이의 화목으로 보았다. 이러한 차이는 동양인 한국의 가정에서 충분히 좋은 부모에게 기대하는 바를 짐작할 수 있게 한다.

또한 동양인은 주변 상황에 맞추어 행동하려고 하기 때문에 다른 사람의 태도와 행동 같은 주위 환경에 예민하다고 한다. 흥미롭게도 동양인들은 자신이 세상을 통제할 수 있다는 믿음보다 자신을 통제해 줄 사람이 주변에 있다고 믿을 때 더 행복감을 느꼈다. 서양인들에게는 자신의 직접적인 통제가 중요하지만, 동양인에게는 누군가와 같은 배에 타고 있다는 일체감이 중요한 것이다.

사물의 속성 자체에 관심을 기울이도록 교육 받은 자녀들은 스스로 독립적인 행동을 하도록 격려받지만, 다른 사람과의 관계에 초점을 맞추도록 교육 받은 자녀들은 자신의 행동에 영향을 받는 다른 사람들의 감정을 미리 예측하도록 격려받는다. 이러한 사고의 차이로 인해 한국의 아이들도 어렸을 때부터 가정에서 주변의 상황을 고려하고 관계성을 배우도록 사회화되고 있다. 또한 한국인은 미국인보다 경험에 근거한 판단을 하는 경우가 많다는 실험 결과는 엄마의 역할을 먼저 경험한 조부모나 이웃 사람들의 간섭과 개입이 더 많을 것이라는 것과 그에 대한 한국 엄마의 반응을 예측할 수 있게 한다.

동양과 서양 두 사회의 이러한 생태 환경이 경제적인 차이는 물론이고 사회구조의 차이를 만들었다. 그리고 한 사회의 구조적인 차이는 각 사회를 유지하는 데 필요한 사회적 규범과 자녀 교육 및 양육 방식을 만들어 냈기에 주변 환경의 어떤 부분에 주의를 기울여야 하는지를 결정했다.

그럼 이번에는 서양인의 시각이 아닌 한국인의 시각에서 보는 동양과 서양의 '자기개념'을 비교해 보자. 최상진의 《한국인 심리학》에 보면, 영어에 있는 자기(Self)가 한국말에는 없지만 그 의미를 한국적으로 이해해 보면 '사람이 된다'는 과정적인 개념으로 설명하고 있다. 이러한 과정의 개념은 부모와 같은 중요한 타자와의 관계성에 대한 의미를 중요하게 생각하게 한다.

또한 한국인들에게 나를 강조한다는 것은 개인주의적인 사람으로 비춰지며, 한국문화에서는 개인주의가 이기주의와 비슷한 느낌을 갖는다. 동양에서는 성숙한 사람이라면 개인적인 사사로운 이익보다는 보다 큰 집단이나 나라를 위하는 애국심을 가져야 하기에 서양처럼 독특성이나 차별성을 중요하게 생각하지는 않는다.

하지만 또 다른 면에서는 한국인에게는 '남과 다른 나'보다는 '남보다 나은 나'가 중요하기에 한국 부모들은 옆집의 아이와 항상 비교하게 되고, 그렇지 못할 경우 자신의 책임인 것처럼 느끼기도 하며, 남보다 나은 자녀의 능력이 마치 자신의 능력인 양 자신감을 얻기도 한다. 자녀의 성적이 곧 엄마의 성적이 되는 대접은 한국 사회의 한 단면을 매우 잘 보여 주는 지점이다. "사람들이 돈에 탐닉하면 그 순간부터 더욱 가난해지고 더욱 필사적이 된다"는 마르크스의 말처럼, 부모가 집착하게 되면 자녀는 그 분야의 노예로 전락하고 말 것이다. 그렇다면 이러한 맥락에서 한국 엄마의 자식에 대한 투사적 에너지를 어떻게 보다 건강하게 사용할 수 있을까 생각해 볼 문제이다.

서양의 '자기(Self)'는 타인과 구별되는 독립성을 갖지만 한국처럼 관계 지향적인 사회에서는 '자기(Self)'에 대한 일관성을 갖기 어렵다. 오히려 체면과 눈치가 발달된 사람에 대해 역할 수행을 잘한다고 여기며, 관계에서도 타인에 대한 배려와 민감성이 있는 사람으로 느끼게 된다. 서양인들은 자신이 구성한 자기(Self)가 진정한 자신의 자기(Self)를 반영하며, 이러한 자신의 자기에 충실하고 일관성 있는 삶을 살고자 노력한다. 따라서 이러한 일관성이 결여될 때 부적절감을 느끼게 된다고 한다. 이에 비해 한국인의 자기는 사회적인 가치와 윤리를 추구하기에 '나는 무엇이다'보다는 '나는 어떠해야 한다'가 중요하며 대상과 상황에 따라 달라지는 행동에 대해서는 크게 중요시하지 않고 그 마음을 보는 경향이 있다.

이러한 가치관의 차이는 분명 사회와 문화 속에서 아이를 기르는 부모의 양육 태도와 깊이 연관되어 있기에, 오늘날 서구적인 가치를 많이 수용하고 있는 그들이 부모가 되었을 때와 자신의 부모들이 가진 양육 태도와는 분명 차이가 있을 것이다. 최상진은 한국의 젊은이들이 공식적인 정치적, 사회적 행동에서는 많은 차이를 보이나 비공식적인 문화심리적인 측면에서는 여전히 전통적인 심리적 태도를 반영하고 있다고 한다. 그 젊은이들이 부모가 되어 실제 자녀를 양육할 때 접하게 되는 부모들의 갈등과 어려움을 짐작해 볼 수 있으며, 상황을 고려하는 측면과 관계 지향적인 한국인의 특성상 자신의 우월보다 타인에 대한 상대적 우월감 등으로 인한 만족감을 얻는 관계의 어려움은 꼭 생각해 볼 필요가 있을 것이다.

3. 과거와 현재의 비교

　과거 우리나라는 강한 가부장제의 사회였고, 어떤 주제에 관해서든지 아버지의 의견이 어머니의 의견보다 자녀들에게 훨씬 권위 있고 중요하게 전달되었다. 따라서 많은 형제들 중에서 아버지가 특정 자녀를 어떻게 취급하느냐의 여부가 다른 자녀들과의 관계에 영향을 미치게 되어 아버지의 총애는 강한 희열을 수반하고, 반대로 아버지의 눈 밖에 나면 미래에는 더욱 비참함을 감내해야 했었다. 따라서 이러한 아버지와의 관계는 자녀들 상호 관계는 물론 자아존중감에도 영향을 미쳤다. 하지만 이에 비해 상대적으로 어머니의 의견은 자녀들에게 권위가 덜하고 중요하게 여겨지지 않아 어머니의 의견이나 행동이 자녀들의 자아 정체감 형성과 행동에 미치는 영향은 상대적으로 미약했었다고 볼 수 있겠다. 하지만 영향력과는 무관하게 역기능적인 융합의 강도가 심한 경우는 어머니와의 관계에서 훨씬 더 빈번하게 관찰되기도 하였다.

　또한 부모 각각이 자녀와 맺는 관계의 성격이 달라 자녀들이 아버지와의 관계에서 배우는 것과 어머니와의 관계에서 배우는 것이 달랐다. 하지만 그것은 아버지들의 생활 중심이 일반적으로 가정 밖의 사회였고, 어머니들의 생활은 가정에 국한되어 있었기 때문으로 보인다. 과거 우리나라의 가족 관계 구조상 부자 관계가 모자 관계보다 자녀들에게 더 큰 영향력을 갖고 있고, 아버지와 어머니가 자녀들에게 미치는 영향의 방향이 달랐다. 가부장제 속에서 자녀들에게 인식되는 아버지와 어머니의 차별적 요소의 위치는 아버지의 중요성을 잘 보여준다.

그러나 현대에 와서는 여성의 교육 기회가 증가함에 따라 사회진출 기회가 많아지고 남녀평등을 향해 가는 시대이다. 이처럼 변화한 여성의 지위는 저출산과 맞물려 가족 내 권위에 대해서도 변화하게 만들었다. 자녀 교육의 대부분 기능이 가정에서 사회로 이전되고, 학습에 대한 준비, 조기교육 등과 더불어 다양한 선택을 해야 하는 상황이 많아져 가정 안에서 어머니의 권위가 자녀들에게 미치는 영향이 매우 커진 것이다. 어머니의 결정권이 필요한 사회적 분위기와 적은 자녀수의 출산으로 자녀의 문제에 대해 어머니가 더 많은 의사 결정권을 갖게 되었다. 이러한 가치관과 어머니의 가정 내 지위 변화는 모자 관계의 중요성에 대해 시사하는 바가 크다.

통계청 출산율에 따르면, 한국은 15~49세 가임기 여성이 평생 동안 낳는 자녀수가 2021년 기준 0.8명으로 전 세계에서 최하위권이다. 한국의 출산율은 전 세계 출산율 평균 2.5명은 물론, 미국이나 영국 등 선진국 평균 1.6명에도 못 미치고 있다. 2022년에는 0.78명이었으며, 미래에는 더욱 우려되는 수치를 통계청은 전망하고 있다.

저출산으로 인해 부모들은 자녀에게 많은 자원과 노력을 쏟아붓게 되어 헬리콥터 맘, 타이거 맘 같은 신조어들이 생겨나기도 하였다. 헬리콥터 맘은 헬리콥터처럼 자녀 주위를 맴돌며 챙겨 주는 엄마라는 뜻이며, 타이거 맘은 동물을 '조련'하듯이 자녀를 엄격하게 훈육하는 엄마를 이르는 말이다. 적은 수의 자녀를 출산함으로 잘 양육하고 싶어 하는 어머니들의 욕구가 자녀들에게 그대로 반영되어 자녀들을 만년 어린아이로 만들고 있는 현실을 나타내고 있다. 부모에게 시달린 자녀들이 성적은 높을 수 있지만 우울감과 불안감도 역시 높은 자녀들로 성장하게 된다.

반면에 가정의 소비 수준 증가와 경제 불황 등으로 어머니들까지 생계를 위해 취업을 하게 되면서 자녀에 대해 갖는 미안한 마음이나 죄책감을 가지고 직장생활과 집안일을 병행해야 하는 이중고에 시달리고 있는 경우도 있다. 이처럼 현대에는 적은 자녀수의 출산, 취업모의 증가, 어머니들의 학력 수준 상승과 더불어 넘쳐나는 정보화 시대를 살아가며 자녀를 잘 양육하고자 하는 어머니들의 이러한 욕구를 잘 반영해 줄 필요가 있다.

한국 가족 안에서의 '충분히 좋은 부모'는 어떤 부모이며 어떤 역할을 기대받고 있을까? 한국 사회는 유교 문화의 흔적이 아직 남아 있어 대가족, 가부장적인 가족의 모습을 보이면서 동시에 핵가족과 평등한 가족관계의 모습이 혼재되어 나타나고 있다. 특히 최근에는 외국인과 결혼한 다문화 가정이 꾸준하게 늘어나는 특징을 보이고 있다. 이러한 사회 문화적인 모습 가운데 현시대의 부모들은 어떻게 자녀를 양육하고 교육할 수 있을까?

필자가 연구했던 2008년 부모교육에 참여한 어머니들의 설문조사 결과에 따르면 한국의 엄마로서 내가 하고 있는 차별화된 양육 방식은 우선 가족 간의 화합을 중요시하고 있다는 대답이 가장 많았고, 예절을 가정에서 직접 가르치는 것이라고 대답하였다. 이는 조화를 중요시하는 우리 문화에서 자연스럽게 이루어지는 양육 과정이라고 볼 수 있겠다. 도시화, 산업화, 물질화되면서 예절에 대한 가르침 역시 다른 어떤 시대보다 중요하나 현실에서는 그렇지 못하다. 한국적 양육 방식은 다소 강압적인 측면이 있고, 윗사람의 말은 무조건 따라야 된다거나 부모가 무조건 희생을 해야 한다는 점에 있어서는 부정적인 견해가 모아졌다.

서양의 가치관을 많이 접하는 자녀들이지만 독립적인 삶을 사는 것에 대한 경제적이나 심리적인 분리는 서양만큼 이루어지지 못하고 있어 부모들이 미래에 대해 부담을 느끼고 있었고, 부모 세대인 본인들은 자신의 부모 세대로부터 순종을 요구받고 있어 이중적인 부담을 느낀다고 하였다.

이러한 점을 고려해 볼 때 대상관계이론은 관계성 안에서 자신의 존재감을 찾는 한국적인 자아의 개념과도 연결되기 때문에 한국의 문화적인 상황에서도 의미 있는 정신분석이론이라 하겠다. 인간을 특히 엄마(주 양육자)와 자녀의 관계 안에 있는 욕구에서 보고자 한 것은 사람들의 인간관계에서 오는 많은 충족되지 않는 미해결 욕구들을 이해하는 데 훌륭한 시각을 제공해 줄 것이다. 따라서 관계성 안에서 자기(Self)의 의미를 찾아가는 대상관계이론은 한국의 부모교육에 적용할 때 잘 부합된다고 볼 수 있겠다.

4. 엄마됨의 카오스

부모교육 및 상담에 대한 이야기에 앞서 혼자 경험할 수밖에 없는 임신과 출산이라는 일련의 과정을 경험하는 엄마라는 존재에 대한 이야기가 더 필요해 보인다. 신화화된 모성의 세계가 아닌 성취도 영광도 없는 엄마됨의 카오스에 귀 기울여 보고자 한다. 자신이 원하는 삶을 살라고 교육받아 온 한 개인이 전혀 다른 무언가의 일부가 되어 자신의 삶을 더 이상 통제할 수 없게 될 때 느끼는 감정들을 이해하는 과정은 부모교육에 선행되어야 한다. 저출산을 논의할 때 가장 중심에 있는 엄마의 이야기가 가장 크게 들려야 하는 건 당연한 일일 것이다. 다시는 아이를 낳지 않겠다던 여성들 중에서도 아기의 사랑스러움에 다시 빠져들게 되어 둘째 아이를 품에 안게 되는 경우도 있고, 불임을 부러워하는 여성들도 현실에는 존재한다.

수전 그리핀(Susan Griffin)은 아이를 낳고 취약함을 배웠다고 한다. 아이를 대할 때 기쁨과 슬픔 사이에는 설명이 한 줄도 없었고 오직 경험만이 있었기 때문이다. 또 그녀는 아이를 낳고 말을 잃었다. 아이와 단둘이 집에 머무르는 긴 시간은 말하지 못하는 게 어떤 것인지 느끼기에 충분했다. 주변의 아름답게 드러나는 모성애와 엄마됨에 가려져 자신의 경험을 입 다문 채 말할 수 없었다고 한다. 엄마의 삶은 비록 가난하지 않았음에도 결코 쉽지 않은 여정이었는데, 어떤 환경에서나 아이들은 매우 긴 시간의 보살핌을 필요로 하기 때문이다.

아기들은 엄마의 삶 대부분을 필요로 한다. 때로 엄마는 잠을 자지 못하면 짜증이 섞인 말과 행동을 하게 되는데 이런 자기 자신에 대해 후회와 인내를 반복하게 된다. 아이의 요구는 언제나 엄마의 필요를 앞서기 때문이다. 그러나 엄마가 자신의 자아를 희생하면 아이도 자아를 희생하게 되는 역설이 있다. 엄마의 사랑이 아이를 집어삼킬 수 있기에 아이의 이익이 되기까지가 어디인지 엄마의 희생에 대한 경계가 필요하다. 분노는 결혼 생활에서 남편을 향한 것이겠지만 대체로 가정 안에서 약자인 아이들에게 표출되기도 한다. 그러나 엄마들이 다시 평정심을 찾고 나면 그것이 잘못된 행동임을 알기에 그 분노의 화살은 다시 자기 자신을 향해 자기 마음에 상처를 내고 만다.

엄마와 아이의 관계는 어릴수록 따로 분리되어 있지 않다. '엄마의 아이'와 '아이의 엄마'가 "함께"한다. 엄마들은 아이 없이 혼자 지내는 시간을 갈망하면서도 아이를 두고 출근하는 발걸음이 무거움을 경험한다. 아이를 유치원에 보내고 기뻐하지만 아이가 야외활동을 하는 놀이터에서 노는 모습을 보기 위해 유치원 근처를 배회하기도 한다. 이러한 모순적인 순간들을 경험하는데 이러한 양가적인 감정들이 오히려 모성애에 더 가까울 수 있다. 매혹적인 아름다움으로 무력하게 만드는 아이들의 사랑스러움과 필연성은 엄마들을 저항불가능 하도록 만들기도 한다.

시몬 베유(Simone Weil) 역시 아이들은 자신에게 한 번도 경험해 보지 못한 격렬한 고통을 안겨 주었는데 그건 양가감정이라는 고통이었다. 그녀는 분노와 날카롭게 곤두선 신경과 더없는 행복과 애정 사이를 죽을 듯이 오가는데 아이들의 끊임없는 요구는 자신의 부족함에 절망하게 하고 분노를 누르며 나약해짐을 경험하게 된다고 하였다. 모성애라는 이미지는 너무 한정적이고 고정적이어서 그렇지 않은 엄마는 죄책감을 갖게 된다. 누군가의 엄마가 아닌 자기만의 공간을 갖고 싶어 하는 것은 철없는 말이며 모성애가 없는 엄마가 하는 행동으로 여겨지는 사회적인 담론이 지배적이기 때문이다.

엄마들은 자기 자신에게 전적으로 의존하며, 자신의 일부에서 나와 지금은 자신의 일부가 아닌 아기에 대해 압도되는 경험들, 자신의 엄마에 대해 떠오르는 감정들, 자신의 새로운 잠재력을 마주하는 순간들을 경험하게 된다. 자신과 연결되어 있던 아이를 독립시킨 후 다시 돌아갈 자기 자신을 잃지 않아야 한다. 때로는 안타깝게도 끝없는 인내를 요구하는 육아에 이를 악물면서도 아이가 성장해 독립을 해 나가는 것을 받아들이기 어려워 눈물짓는 것은 그리 놀라운 일이 아니다.

부모교육 책에 나오는 일반적 발달 단계에서 설명하고 있지 않는 자신의 자녀들의 행동은 부모의 마음을 불안하게 만든다. 과도한 정보의 홍수 속에서 부모의 시선을 끄는 이상심리적인 발달과 자녀가 비슷한 행동이라도 발견되면 부모의 불안은 더욱 높아진다. 부모교육에서 빠지지 않는 기노트(Haim G. Ginott)와 스폭(Benjamin Spock) 같은 부모교육 전문가들은 아이들이 받은 부정적인 영향에만 초점을 맞추고 있는 것 같아 보인다. 그 아이를 양육하는 부모의 특히 긴 시간을 같이 보내는 주 양육자인, 여전히 한국 사회에서도 엄마인 그들의 분노와 부당함에 대해서는 주목하지 않는다. 양육에 힘쓰는 부모들에게 양육 기술을 더 익혀 아이들을 보다 잘 양육하라는 압박감으로 여겨지며, 부모 자녀 관계가 아닌 오로지 자녀들에 대한 언급만 있다. 이상화된 엄마의 역할은 그렇지 못하다고 여기는 많은 엄마들에게 두려움과 판타지를 일으켜 과잉 역할을 하게 만들지만 결국은 부모의 좌절로 이어지는 경우가 많다.

양육 행위(Doing)보다 필요한 건 부모의 존재(Being)이다. 아이를 돌보는 경험은 성인인 부모를 변화시키기도 한다. 부모 역할이 늘 희생만을 강요한다는 건 우리가 한 면만을 바라본 경우이다. 주 양육자만이 경험할 수 있는 매우 사적이고 긴밀한 아이와의 정서적 친밀감을 공유하는 만족스러운 측면도 있다. 우리는 살아가면서 그런 친밀감을 필요로 한다. 부모로서 자녀에게 준 무한한 감정과 애정을 받아 아이들은 성장하며, 취약한 자신을 다루어 준 경이로운 경험들 역시 부모들에게 보다 깊은 관계로 나아가게 해 줄 것이다.

2부

부모교육 및 상담을 위한
정신역동의 이해

A Woman Sleeping with a Child, by Rembrand

'대상관계이론(object relation theory)'이라는 큰 가지가 뻗어 나온 정신분석의 거목에는 또 다른 가지인 정통 프로이트(Sigmund Freud) 학파의 '자아 심리학'과 코헛(Heinz Kohut)의 '자기 심리학' 그리고 존 보울비(John Bowlby)의 '애착이론'이 있다. 그중 대상관계이론은 타인뿐만 아니라 자신과 맺고 있는 관계(relationships)와 깊은 관련이 있으며, '대상(object)'에 대한 이해는 부모 자녀 관계를 이해하고 나아가 성인이 된 우리들에게도 자신이 관계 맺고 있는 '관계 패턴'을 발견할 수 있게 해 준다.

인간은 태어나면서부터 혼자서 살아갈 수 없는 사회적인 동물로 다른 사람과 더불어 살아가는 존재이다. 따라서 다른 사람들과 더불어 살아가기 위해서 많은 사회적 기술들을 터득하고 잘 활용해야 하는데, 이러한 사회적 기술들은 태어나서 가장 처음으로 맺는 관계라 할 수 있는 주 양육자와의 상호작용에서 처음으로 습득하게 되며, 영유아의 사회적 기술은 이후 또래나 다른 사람과의 관계를 맺을 때 사용할 수 있는 기초 자원이 된다. 이러한 관계를 통해 대상을 갖게 되는 것은 생애 초기뿐만이 아니라 사람의 일생에 걸쳐 계속되는 연속적인 특징을 갖기에 매우 중요하다고 할 것이다.

대상관계이론은 아동이 처음 출생하여 맺게 되는 주 양육자와의 관계가 앞으로 타인과 관계를 맺어가는 방식에 중요한 영향을 미친다고 주장한다. 대상이라는 용어를 처음 사용한 프로이트가 '아버지'와의 관계에 대해 중요시했다면, 멜라니 클라인(Melanie Klein)은 '어머니'와의 관계를 강조하면서 아동의 정서 발달을 설명하였다. 그러나 그 후 등장한 페어베언(Fairbairn), 건트립(Guntrip), 위니캇(Donald Winnicott)은 아이에게 환경이 미치는 영향 즉, 아이와 엄마(주 양육자)와 맺는 '관계'의 중요성을 주장하였다.

위니캇은 아이가 대상과의 관계 속에서 중간대상(transitional object)을 통해 다른 대상과 관계를 맺는 것에 초점을 두었고, 그 중간대상을 마음껏 사용하는 참자기를 중요시하였으나, 하인즈 코헛은 중간대상이 아닌 자기 대상(selfobject)에 관심을 두었다. 코헛의 주장대로라면, 아기에게는 대상과의 건강한 관계를 통해 자기 자신 안에 내재화시킬 수 있는 자기대상이 필요하다. 여기서 관계라 하지 않고 대상이라 한 이유를 잠시 살펴보면, 우리는 관계 맺고 있는 타인을 실제 모습 그대로가 아닌 우리가 상상하는 대로 생각하는 것을 이해해야 하기 때문에 구분한 것이다. 사람들의 여러 다층적인 모습들과 관계 맺는 것이 아니라 자신이 생각한 대상(환상대상)과 관계 맺는 다는 것이다. 멜라니 클라인에 따르면 우리가 갖는 대상에 대한 이러한 환상원형은 아주 어릴적, 심지어 만 1세가 되기 전에 일어나는 감정적으로 좋은 경험과 나쁜 경험이 어떻게 정서에 새겨졌는지에 따라 영향을 받는다고 한다.

개인은 주 양육자인 부모라는 대상과 상호작용하면서 상대방과 자기에 대한 표상을 형성하고, 대상의 행동에 대한 기대를 가지며, 그와 관련된 감정들에 대한 표상을 형성하게 된다. 자기표상과 대상표상 및 이러한 관계가 곧 대상관계이며, 이 대상관계에 의해 실제적인 대인관계에서 상호작용의 많은 부분들이 좌우된다는 것이다. 이처럼 인간의 기본적인 욕구가 관계를 맺고 싶어 하는 욕구라고 보는 대상관계이론가들은 엄마에 대해 환상 속에서 그 역동을 보았던 멜라니 클라인을 비판하기도 하였다.

이러한 관점들을 좀 더 이해하기 위해 먼저 정신역동 심리치료의 관점에서 본 자아심리학자인 마가렛 말러(Margaret Mahler), 자기 심리학의 하인즈 코헛(Heins Kohut), 애착이론가인 존 보울비(John Bowlby) 그리고 대상관계의 이론적 접근을 살펴보고자 한다. 이러한 여정은 부모 자녀 관계를 단지 기술적인 부모의 역할로만 여겨왔던 자녀양육과 돌봄에서 벗어나 부모 된 자신에 대한 깊은 이해로 우리를 안내할 것이다. 그 초대에 응한다면 부모 자녀 관계의 불안을 조금은 내려놓고 이전과는 다른 관계를 맺을 수 있게 될 것이다. 볼라스는 자신을 촉진적 환경으로 제공하는 부모들은 고유한 돌봄을 통해 존재의 미학을 전달해 줌으로써 자녀들을 자신으로 성장하게 한다고 하였다.

1장

정신역동 심리치료이론에서의 부모 자녀 관계

1. 자아 심리학(Ego Psychology)의 말러(M. Mahler)가 본 부모 자녀 관계

소아과 의사이자 아동 분석가로 비엔나(1930년대)와 이후 뉴욕(1950년대)에서 활동한 자아 심리학자 중 한 명인 마가렛 말러(Margaret Mahler)는 '분리 개별화'이론으로 유아의 심리적 탄생에 대해 잘 설명해 주고 있다. 말러는 아이가 처음 태어나면, 엄마(주 양육자)와 공생(symbiosis) 관계를 갖게 되는데 엄마와의 건강한 공생을 통해서 엄마가 보조 자아(alter ego)로 환경을 제공해 준다면 아이의 분리 개별화가 가능해진다고 보았다. 즉, 건강하게 공생 관계를 맺은 유아가 건강한 분리를 할 수 있게 된다는 것이다. 여기서 말하는 건강한 공생은 최적의 조건이 갖추어졌다는 뜻이 아니라 유아의 욕구가 건강하게 조절되는 것을 돕는 것을 의미한다.

유아의 심리적 탄생은 주 양육자, 충분히 좋은 부모, 이만하면 괜찮은 부모와의 공생으로부터 시작해서 분리(separation) 개별화(individuation)로 가게 되는 것이다. 공생은 유아가 주 양육자와 정서적, 인지적 수준에서 하나처럼 융합되어 있는 상태를 말하며, 개별화한 타인과 구별되는 '나'

라는 느낌을 갖는 것이다. 이 공생적 관계에서 벗어나 자기개별성과 구체성, 대상항상성을 획득하는 발달과정을 유아의 심리적 탄생으로 보았다. 말러는 어머니라는 대상으로부터 분리되는 과정에서 유아의 분리 개별화의 시도는 부모의 분리불안을 일으켜 유아의 독립을 방해하거나 부정, 거부하는 부모의 병리성을 가져올 수 있다. 즉 분리 개별화 이론은 정상적 자폐기, 공생, 분리 개별화라는 주요 발달 단계를 말하는데 유아가 주 양육자와 자신을 구별하고 자율적인 개인으로 성장하여 대상항상성을 획득해 나가는 과정을 말한다.

　○ 정상적 자폐기(The Normal Autistic Phase): 0세~2개월

　- 자기중심적, 주변 환경에 대한 인식 부족

아이는 태어나면 발달에 따라 원초적 자폐, 정상적 자폐 단계를 거치며 성장하는데, 정상적 자폐 단계는 출생 직후~2개월 정도 시기의 아이로 아이는 절대적 의존을 할 수밖에 없는 단계이며, 엄마가 제공한 세계에 살게 된다. 아이는 이 시기에 자기가 제공된 것을 통해 무엇인가를 만들었다고 생각하게 되는 최초의 창조물을 갖게 되며, 이것이 심리적 발달의 원리를 제공하게 된다. 아직 외부 세계에 대한 인식은 없다.

　○ 정상적 공생기(The Normal Symbiotic Phase): 2개월~6개월

　- 주 양육자에 대한 애착 형성

정상적 공생단계는 3~6개월 정도의 시기로 이때 아이의 자아가 약하

기 때문에 엄마가 아이의 보조 자아로서 기능한다. 자신과 엄마를 동일시하며 전능감을 느낀다. 아직까지는 환경을 통한 적절한 돌봄이 필요하다. 여기서 창조는 발견될 수 있도록 제공되었을 때 가능하며, 세상이 자기 마음대로 돌아간다는 1차적 전능성은 주 양육자의 돌봄에 의해 생겨나게 된다. 모든 돌봄이 의존되어 있으며, 돌보는 환경이 주어지지 않으면 아이는 원초적인 욕구를 관리할 수 없어 그것을 공격으로 간주하게 된다. 이 공생의 시기가 지나치게 빨리 박탈되면 성인이 되어 퇴행이 일어날 수 있다고 보았다.

○ 분리-개별화기(The Separation-Individuation Phase): 6개월~24개월
- 주 양육자와 자신을 구별함, 자율적인 개인이 됨

① 부화기

부화기인 6~10개월에는 낯선 사람에 대해 '낯가림'으로 반응하기 시작한다. 자아감이 발달하고 외부 대상과의 구분이 가능해진다. 이러한 분리에 대한 인식이 생기고, 신체적으로 기어 다니면서 거리두기를 경험하게 된다. 완벽한 부모가 아닌 이만하면 괜찮은 부모가 필요한 시기이다. 너무 완벽한 환경이 주어질 경우에는 아이가 그 안에서 나올 필요를 느끼지 못하기 때문에 적절한 좌절도 필요하다.

② 연습기

연습기인 12개월 이후에는 기고 걸으면서 자기를 연습하는 과정을 거치게 된다. 이때 더 독립적으로 탐험하게 되는 주변 세상에 대한 경험은

아이에게 기쁨과 흥분, 놀라움의 경험을 하게 하는데, 이 시기에 필요한 것은 아이를 반영(mirroring)해 주는 거울이다. 아이에게 필요한 것은 이러한 아이의 발달에 대해 대단하다고 반응해 주는 중요한 타인들이며, 이러한 반영하는 거울들이 없을 경우 심각한 우울 상태에 빠지게 된다. 그리고 자기를 방어하기 위해 더 과대한 자기를 보여 준다. 아이는 주변 환경을 적극적으로 탐색한다.

③ 재접근기

재접근기(rapprochement)는 16~24개월 시기의 아이로 아이는 불안을 느끼며 자립심을 키워 나가게 된다. 더 큰 세상으로 나아가야 하는데 아직 자신은 연약한 자아를 가지고 있기 때문에 다시 엄마를 되돌아보게 된다. 그리고 엄마가 사라지는 것을 보면서 다시 불안을 느낀다. 엄마의 부재로 인해 느낀 분리불안으로 스스로 엄마에게 다시 돌아와 자신이 체득한 기술과 경험을 나누고 확인받고 싶어 한다. 이 단계에 이르렀다는 것은 어느 정도 자기가 경험한 좋은(good) 대상과 나쁜(bad) 대상이 결국은 한 대상이었다는 것이 경험되고 있다는 것을 뜻하며, 이것을 통합하기 위한 두려움을 느끼게 되는 것이다. 따라서 이 시기에는 어느 정도의 독립이 유지되는 가운데 환경으로부터의 돌봄이 꼭 필요하다.

○ 대상항상성 수립단계: 24개월~36개월

주 양육자의 긍정적인 반영을 통해 분리불안을 극복하면 자아의 기능이 발달하여 대상 리비도가 일정하게 방출되며 의사소통이 가능해진다.

따라서 36개월 정도가 되어야 생기는 대상항상성을 획득하려면 좋은 대상이자 나쁜 대상이기도 한 충분히 좋은 부모의 건강한 도움이 꼭 필요하다고 하겠다. 이러한 적절한 돌봄이 이루어지지 않는다면 아이는 유기 불안을 느끼고, 자신이 버려지는 불안을 계속 확인하게 되는 등 정서적 장애를 유발하게 된다고 하였다.

말러는 건강한 공생은 엄마라는 건강한 자기(self)[1]와 아기가 가지고 있는 연약한 자기(self)가 서로 건강하게 도움을 받아 공생해 나가는 가운데 분리해 나갈 수 있는 것으로 보았다. 우리가 살아가면서 어느 정도의 분리 불안은 느끼게 되어 있으나 성숙할수록 극복하게 된다. 분리 개별화가 건강하게 이루어지지 않은 아동은 성인이 되어 지나치게 의존하거나 자폐 상태처럼 단절된 삶을 살아가게 될 우려가 있다. 말러의 의견에 근거해 볼 때 부모의 돌봄이라는 중요성을 그 제공자인 충분히 좋은 부모가 이해하고 아이를 다룬다면 아이가 발달 과정에서 받는 심리적인 방해를 최소화시켜 건강한 공생을 제공할 수 있을 것이다.

말러의 유아의 심리적 탄생은 이후 성격장애, 섭식장애, 경계선 등 다양한 정신병리를 이해하는 데 도움이 되고 있으며, 상담에서는 애착 관련 어려움을 겪는 내담자들의 상담에도 사용되고 있다. 성인이 자신의 집을 떠나기 위해서나 친밀한 관계에서 적정한 거리를 찾기 위해서는 충분히 연합된(fully connection) 경험 이후 건강하게 분리(fully differentiation)될 수 있어야 한다. 따라서 부모교육을 위해 이러한 유아의 심리적 탄생을 이해하는 것은 중요할 것이다.

2. 자기 심리학(Self Psychology)의 코헛(H. Kohut)이 본 부모 자녀 관계

자기 심리학자인 하인즈 코헛(Heinz Kohut)은 아이가 정상적으로 발달하게 될 때, 자신이 창조한 자기애적 행복의 상태인 과대 자기(grandiose self)에서 발달하여 현실을 알게 되면 그 행복감이 중단되는 시기가 온다고 하였다. 과대 자기에서 응집력 있는 자기(cohesive self)로의 이행은 부모를 통해 갖게 된 전능한 환상감에서 서서히 환멸을 느끼는 과정을 겪어야 하며, 이러한 점진적인 각성에 주 양육자는 아이의 욕구에 공감해 주어야 한다. 왜냐하면 행복이 멈춘 것에 대한 보상으로 아이는 자신을 과대하게 이상화(idealizing)시키거나 상대를 이상화시켜서 그 사람과의 동일시를 통해 자신의 행복을 보상 받고자 한다. 이때 아이에게 꼭 필요한 것은 반영해 주는 환경이다. 충분히 좋은 부모가 아이가 그리는 이상적인 모습을 보여 줄 때 아이의 과대 자기 모습은 포부라는 능력으로 발전되며, 이상화시켰던 부모에 대한 모습은 이상으로 나타나게 된다.

코헛은 이렇게 이상화된 대상은 실제 대상이긴 하지만 동시에 아이 스스로 자신이 만든 것으로 자기대상(Selfobject)이라고 하였다. 자기대상은 자기와 분리되거나 독립된 것으로 여기지 않는 대상의 일부로 기능하는 외부 대상(external object) 곧 아이에게는 주 양육자가 될 것이다. 자기대상은 자기를 완성하게 하고, 정상적인 기능을 위해 필요하며, 자기대상이 하는 기능은 자기대상과의 관계가 깨어질 때까지는 눈에 보이지 않는다. 평소에 당연하게 기능하는 자기대상은 인간이 존재하기 위해 필요한데, 진짜 대상이 아닌 자신의 필요를 충족시켜 주는 대상이기 때문이다. 그러므로 아이에게 필요한 자기대상을 실제 대상, 주 양육자가 얼마나 충족시커 주는가는 중요하다. 아이가 생각한 이상적인 부모의 모습을 창조할 때, 실제 환경으로서의 충분히 좋은 부모가 어느 정도 이상적인 모습을 제공해 주어야 하기 때문이다. 이처럼 자기대상은 아이 속에서 심리적 기능을 하는 자기 자신이기도 하기 때문에 매우 중요하다.

자기대상이 아이 안에 형성되는 이유는 아이가 성장하면서 경험하는 좌절들을 극복하기 위해서이다. 만약 아이가 이상화시킨 부모가 그 자리에 있지 않는다면 아이는 좌절감과 공허감을 느끼고, 자기이기도 한 자기대상이 없기에 아이의 자기는 위축되거나 비어버릴 수 있다. 자기대상이 없거나 자기대상의 충분한 지지와 공감을 받지 못하면 자기구조에 결함이 발생하게 되는 것이다. 자기대상이 필요하지만 충족되지 못했을 경우 수용에 대한 욕구가 좌절되어 트라우마적 좌절로 나타나는 강렬한 자기애적 좌절은 자기(Self)에게 잠재적인 문제를 만들게 된다.

이런 발달의 장애가 오게 될 때 아이는 자신을 방어하기 위해 자신을 부정하거나 억압하게 되는데 코헛이 말하는 자기대상(Selfobject로 자기와 딱 붙어 있는 대상)은 자기 안에서 심리적 기제 역할을 하는 대상이기 때문에 그 대상은 바로 나 자신인 것이다. 아이가 부정과 억압을 하게 되어 자신의 내면과 현실을 분열시키게 되면 아이는 현실과 상관없는 가장 이상적인 모습을 자신 속에 남겨둔다. 이렇게 자기 내면을 분열시키는 이유는 충분히 좋은 부모가 없는 현실과 접촉할 때 아이가 소멸의 위협을 느끼게 되기 때문이다. 그 반대로 최적의 좌절(optimal frustration)을 통해 견딜 수 있는 실망으로 자기를 위로(self-soothing)할 수 있는 내적 구조를 수립하게 된다면, 자기대상은 변형적 내재화를 통해 성숙한 존재로 변화하도록 도울 것이다.

아이에게 완벽한 부모가 아닌 이만하면 좋은 부모가 현실에서 최적의 좌절을 주면서 일관된 환경을 제공해 주지 않는다면 아이에게는 최악의 환경이 되어 자기 내면이 분열되고 자기가 위축된다. 과대 자기 역시 자기를 반영해 주는 충분히 좋은 부모가 없을 때 분열을 통해 현실과 자기를 분리시켜 과대 자기를 가지고 현실을 살아가게 되는 자기애적 장애를 갖게 된다.

코헛은 자기애적 장애가 자기를 사랑하는 게 아니라 자기를 건강하게 사랑하는 데 장애를 입은 것이라는 새로운 견해를 제공해 준다. 대상사랑과 자기사랑이 대치되는 것으로 보았던 프로이트와 달리 둘이 연결되어 있어 대상사랑이 잘 충족되었을 때 자기사랑도 건강하게 할 수 있다고 본 것이다. 자기사랑과 대상사랑이 연결되어 있으며, 대상사랑이 건강하게 받쳐 줘야 건강하게 자기를 사랑할 수 있다는 것이다.

아이의 자기(self)가 성장해 가는 과정 중에 외상이 발생하게 된다면 아이의 자기(self)는 위축되게 된다. 자신이 부족함을 느낄 때 수치심을 느끼게 되는 사람은 그러한 수치심을 자기(self)가 위축된 상태로 볼 수 있는 것이다. 반대로 과대 자기를 보이는 사람도 진짜 자신의 자기(self)는 고갈되어 가고 있는 것이다. 이처럼 아이가 첫발을 내딛거나 자율성을 연습할 때 아이의 욕구와 감정에 충분히 공감적으로 반영하지 못한다면, 아이는 욕구 조절이나 자존감 조절 같은 중요한 심리 내적 기제를 발달시키지 못하고 만성적 우울이나 분노, 낮은 자존감, 활력 상실 같은 정서를 낳게 되어 중독 등에 취약하게 된다. 코헛은 부모와 아이 사이에 이러한 공감의 실패가 정신병리의 근원이 된다고 보았다.

이처럼 코헛의 이론에 근거하여 아이들이 자라면서 '보이는 나'와 '보여

지는 나'로 분열하지 않고 건강한 통합을 이루며 성장하도록 아이를 공감해 주는 환경에 대한 이해를 도울 필요가 있다. 부모교육 과정에서 충분히 좋은 부모에 대해 알게 되면서 또한 자기(self)를 돌아보는 통찰의 기회를 가져 단지 양육 기술이 아닌 대상사랑에 대해 알게 된다면, 간접적 자기성찰을 통해 자녀의 자기(self)를 공감하며 활력과 자신감을 주는 반영을 할 수 있을 것이다.

3. 애착이론(Attachment Theory)의 보울비(J. Bowlby)가 본 부모 자녀 관계

John Bowlby는 2차 세계대전 이후에 시설이나 병원에 수용된 부모로부터 장기간 분리되어 키워진 아이들을 대상으로 장기간 관찰한 결과 영아기 때 부모와 친밀한 관계를 맺지 못하는 경우 이후에 심각한 심리적인 문제들을 야기하게 된다는 결론을 내렸다. 보울비는 애착(attachment)은 아이가 부모에게 갖게 되는 강하고 지속적인 유대라고 하였으며, 특히 생후 1년 동안의 아이와 양육자 사이의 초기 관계는 애착을 형성하는데 매우 중요하다고 주장하였고, 이후에 많은 학자들에 의해 애착에 대한 연구가 이루어졌는데 공통적인 의견은 애착이란 특정인과 형성한 지속적 관계라는 것, 유아들은 애착을 형성한 특정인의 곁에 있으려 하는 성향을 갖고, 안정적인 애착 습득을 통해 사회적 환경에 대한 기본적인 신뢰와 안전감을 발달시킨다는 것이다. 두 사람이 만들어 내는 애착관계가 발달에 핵심 맥락이 되며, 언어 습득 이전의 경험이 발달하고 있는 자기의 핵심을 이루게 되는데 보울비는 다음과 같은 과정을 통해 애착을 형성한다고 보았다.

○ 전 애착(Pre-Attachment) 단계: 약 생후 2개월까지

이 시기의 아기들을 갖고 태어나는 기본적인 반사활동으로 주 양육자와의 관계를 시작하며 울기, 빨기, 웃기, 움켜쥐기 등을 통해 자신의 생존적인 요구들을 알리려 하는데 아직 사람을 변별하는 능력이 없기 때문에 부모가 아닌 낯선 사람에게도 같은 반응을 보이기는 시기이다.

○ 차별화된 애착(Orientation with Discrimination) 단계: 약 2개월에서 7-8개월까지

이 시기의 아기들은 특정한 사람을 인식하기 시작하고 그에 따른 애착반응을 보이기 시작하고 낯선 사람보다는 부모와 같은 보호자를 더 좋아하고 더 쉽게 반응한다. 보호해 주는 애착 대상을 찾고 살피며 근접성을 유지하려고 애쓴다.

○ 안전기지 애착(Safe-base Attachement) 단계: 약 6개월 이후

아기들은 약 6개월이 지나면 기어 다니게 되면서 부모의 반응을 수동적으로 기다리지 않고 능동적으로 접근할 수 있게 된다. 그리고 부모를 '안전기지(secure base)'로 삼고 주변 탐색을 활발하게 시작하게 되는데 반면 부모가 아닌 낯선 사람에 대한 반응은 더욱 부정적이 되어 심한 낯가림이 나타나고 부모와의 분리불안이 관찰된다. 위험한 상황과 놀란 순간에 '안전한 피난처(safe heaven)'로서 애착대상에게 달려간다.

○ 목표 수정된 동반자(Goal-corrected Parterships) 관계: 약 18개월에서 3세 이후

이 시기는 다양한 주변 사람에게 애착을 확장해 가는 시기로 이 시기의 아이들은 자기중심성이 줄어들고 인지능력이 발달하면서 상대방의 행동과 바람을 조금씩 예측할 수 있게 된다. 그래서 부모가 잠시 떨어지더라도 다시 돌아온다는 것을 알게 되고, 부모가 자신이 원하는 대로 행동하도록 영향을 주거나 자기 자신을 부모에게 맞추기 위해 행동을 계획하고 수정하는 융통성을 보이기도 한다. 무작정 울기보다는 기다릴 줄 알아 비로소 쌍방향 의사소통을 하게 된다.

부모와의 안정된 애착은 자신을 가치 있고 사랑받는 사람으로 인식하게 하고 바람직한 자아상을 발달시켜 점차 타인과 도움을 주고받을 수 있는 건강한 조력자로 자라게 할 것이다. 이러한 보울비의 애착이론은 이후 메리 에인스워드(Mary Ainsworth)에게 영향을 미쳤다. 에인스워드는 한 살 전후의 아이들을 대상으로 약 20분 정도의 "낯선 상황" 실험을 통해 아이가 낯선 사람에게 어떻게 반응하는가? 엄마가 방을 나갔을 때 어떻게 반응하는가? 엄마가 다시 방으로 돌아왔을 때 어떻게 반응하는가?와 관련하여 애착과 의사소통을 연구하여 애착을 다음과 같이 유형화하였다.

○ 안정애착(Secure Attachment)

안정적으로 애착을 획득한 유아의 경우엔 엄마와 함께 있을 때 탐색 활동이 많은 편이고 낯선 사람을 수용할 수 있다. 하지만 엄마가 갑자기 방 밖으로 나가는 분리불안 유도에 울음을 터트리거나 적극적으로 찾는 등

적절한 불안감을 표현한다. 그리고 다시 엄마가 돌아오면 엄마에게 달려가 정서적인 안정을 되찾고 다시 긍정적인 상호작용을 시작하는데, 엄마를 안전기지로 삼아 낯선 상황에서 탐색할 수 있고 아기들은 엄마가 없어도 다시 돌아올 것이라는 신뢰를 갖고 있다.

○ 회피 애착(Avoidant Attachment)

회피 애착 유형의 유아들은 낯선 상황에 대한 불안감을 별로 느끼지 못하는 것 같아 보인다. 엄마와의 상호작용은 적은 편이고 엄마가 말없이 방 밖으로 나가거나 다시 돌아와도 별다른 반응을 보이지 않고 어떠한 경우엔 낯선 사람을 엄마보다 더 잘 받아들이기도 한다.

○ 양가적 애착(ambivalent attachment)

양가적 애착의 유아들은 엄마가 곁에 있어도 불안해하며 주변을 탐색하지 못하고 엄마가 있어도 아이에게 심리적인 안정을 주지 못하는 것으로 보인다. 엄마가 방 밖을 나가면 매우 강한 반응을 보이지만 막상 엄마가 돌아와 달래주어도 더 크게 운다든지 화를 내고 접근과 회피 사이를 왔다 갔다 하는 양가적인 행동을 보이기도 하여 불안정 저항 애착(Insecure-resistant Attachment)이라고도 한다.

애착이론이 주는 시사점은 유아기에 형성된 부모와의 애착은 아동기, 청소년기를 거쳐 성인기까지 전 생애를 거쳐 다양한 분야에 영향을 미침을 예측할 수 있다는 것이다. 매리 메인Mary Main(1985)과 그의 동료들은 성인 애착 면접(adult attachment interview: AAI)을 통해 에인스워드가 분류한 아동의 애착 유형과 비슷한 형태를 가진 성인 애착 유형을 발견하였고, 이를 통해 유아기에 습득한 애착 관계가 성인기까지 지속됨을 밝히기도 하였다.

[성인의 애착 유형]

○ 안정 애착(Secure): 자기긍정, 타인긍정

안정적인 애착을 형성한 성인은 주요 애착 대상인 부모에 대해 애정적이고 따뜻하다고 기억한다. 또한 자기 자신을 보다 가치 있고 믿을만하며 이타적이라고 여긴다. 타인에 대해 신뢰를 갖고 타인과 비교적 쉽게 잘 사귈 수 있으며 타인으로부터 버림받거나 지나치게 가까워지는 것에 불안해하지 않아 이성 관계에서도 본인을 사랑받을 만한 가치가 있다고 느끼며 상대방이 수용적일 것을 기대하며 행복과 신뢰감을 형성해가면서 바람직한 이성 관계를 맺어갈 수 있다.

○ 불안정 회피 애착(Avoidant): 자기긍정, 타인부정

회피적 애착을 형성한 성인은 애착 대상이었던 부모에 대해 특히 자신의 어머니를 차갑고 거부적이었다고 기억한다. 회피형 애착 성인들은 친밀감에 두려움을 느껴 타인을 신뢰하지 못하고 그들과 가까워지면 불편해하며 관계에서 긍정적인 정서를 얻지 못한다. 또 타인의 동기를 의심하여 타인을 믿을 수 없고 의지할 수 없다고 지각하는 경향을 보이기도 하여 이성 관계를 잘 맺지 못하는 경우가 많다. 친밀한 관계에서 정서적인 고통을 처리하는데 있어 회피 애착 성인들은 화나 고통에 관련된 감정 표현을

최소화하여 본인을 조절하려 한다.

○ 불안정 양가 애착(anxious/ambivalent): 자기부정, 타인긍정

불안정 양가 애착을 형성한 성인은 강박적으로 다른 사람과 가까워지기를 원하지만 사랑받지 못할까 두려워하고 타인의 사랑과 인정에 지나치게 의존하거나 타인의 사랑을 믿지 못하고 타인의 거부에 지나치게 민감하게 반응하며 지속적인 강박적 욕망, 극단적 끌림, 질투, 외로움 등 정서의 급격한 변화를 보여 준다. 친밀한 관계에서 정서적인 고통을 처리하는 방법으로는 상대방의 반응을 끌어내기 위해 화나 고통의 감정을 격화시켜 나타내거나 신체화하는 방법을 보여 타인을 통제하려는 경향을 보여 이성 관계에서도 상대방에게 지나치게 몰두하여 심각한 정서적인 변화와 질투심을 나타낼 수 있다.

이렇게 성인 애착 유형은 유아기 애착 유형과 매우 흡사한 양상을 보이며, 초기의 습득한 애착 유형들이 성인이 되어서도 영향을 끼친다는 점에서 많은 부모들에게 시사하는 바가 크다. 애착의 대물림은 주 양육자들과의 애착 유형이 아이들에게 비슷하게 나타나게 되는 것을 의미한다. 그만큼 주 양육자의 반응이 아이들의 애착형성에 큰 영향을 미친다는 것이다.

안정적인 애착형성을 위해서는 첫째, 아이의 요구에 민감하고 즉각적이고 일관성 있게 반응해야 한다. 아기는 태어나면서부터 부모의 도움을 필요로 한다. 울기 빨기 잡기 웃기 등으로 자신의 욕구들을 표현하는데 부모가 항상 이에 대한 요구를 적절히 읽고 즉각적으로 채워주는 것이 중요하기 때문이다. 둘째, 같이 있는 시간의 양보다는 질적인 부분이 더 중요

하다. 무조건 아이와 함께하고 붙어 있으며 아이의 요구를 다 들어준다고 해서 안정적인 애착이 이루어지는 것은 아니다. 셋째, 신체적인 접촉을 많이 하는 것이 좋다. 직접적인 신체 접촉은 아이로 하여금 부모를 더욱 촉각적으로 시각적으로 후각적으로 직접 느끼게 한다. 또 스킨십은 아이로 하여금 안전에 대한 경험을 주며 아이 스스로 이해받고 보호받는 느낌을 갖게 하며, 영아기엔 이러한 감각적인 자극들이 뇌 발달을 촉진하기도 한다는 많은 연구 결과들이 있다. 넷째, 부모 스스로가 본인의 양육 태도와 방법에 대한 자신감과 소신을 갖는 것이 중요하다. 모든 아이들은 각자 다른 개성을 갖고 태어나기에 다양한 아이의 요구에 귀를 기울이고 자신의 아이에게 맞는 것을 선택하고 아이와 교감하고 상호작용하는 것이 더욱 중요하다. 이렇게 유아가 안정애착을 획득하게 되면 공명회로와 거울신경이 발달하여 건강하게 개인 심리 내적인 부분과 사회적 관계를 발전시켜 나갈 수 있을 것이다.

4. 대상관계이론(Object Relation Theory)가들이 본 부모 자녀 관계

대상관계이론(object relation theory)은 인간이 본능에 의해 쾌락을 추구하기보다는 '대상(object)'을 추구한다고 생각한다. 따라서 사람은 처음부터 대상과 적극적으로 관계를 맺을 수 있는 능력을 가지고 태어난다고 믿는 정신분석적 성격이론이다. 정신분석은 프로이트 이후 재개념화되거나 수정을 거치며 확장되어 왔다.

'대상'이라는 말을 프로이트가 사용할 때는 자신의 본능을 충족시키기 위해 사용하는 사람 또는 사물이라는 의미로 사용하였다. 즉, 개인의 욕구 충족을 위한 대상으로서의 사람 또는 사물에 대한 내적 형상을 말한다. 예를 들어 아이가 자라게 되면 엄마가 곁에 없을지라도 불리불안을 느끼지 않고 자기 안에 엄마를 생각하며 자신의 욕구를 충족시킬 수 있게 된다. 프로이트는 이러한 마음속의 이미지를 단지 자아 성장에 필요한 도구로만 이해하고, 이것이 내면화된 대상으로서의 의미가 있다는 사실은 간과하였다.

그러나 프로이트 이후 대상관계이론에서 '대상'은 단지 한 사람 또는 그 사람에 의한 경험의 기억을 가리키는 것이 아니라 '자아 안의 심리적 구조'를 가리킨다. 즉, 실제의 사람보다도 내면화된 사람의 표상[2]을 의미하는 것이다. 내가 만약 어떤 인형에 대해 특별한 애정을 부여했다면 그것이 대상이 될 수도 있어 내가 사랑이나 미움을 보냈던 사물이나 사람, 장소, 환상을 뜻하는 것으로 생각할 수 있다. 이처럼 내적 대상을 갖기 위해서는 외적 대상이 존재한다. 에너지를 보내기 위해 대상을 선택하는 것은 실제적인 대상을 선택하는 것이지만 그 대상을 선택하기 위해서는 대상표상[3]이 있어야 가능하다. 따라서 결국은 실제 외부 대상과 관계 맺는다고 할 때 자신 안에는 이미 그 대상에 대한 이미지가 그려져 있는 것이다.

우리가 어떤 외적 대상을 볼 때 이전에 내가 경험했던 내적 대상이 영향을 미쳐 내면 안에 항구적인 대상이미지가 만들어지는 것이다. 이처럼 어떤 대상을 갖는 것은 끊임없이 연속적으로 흘러가는 관계의 산물이다. 아기는 주 양육자와의 상호작용을 통해 엄마에 대한 형상을 내면화하고 이렇게 내면화된 내적표상은 아이가 자라서 대인관계를 맺을 때 어떤 패턴을 형성하게 되고 성격에도 영향을 받게 된다.

그래서 한 개인의 성격적인 발달과 대상과의 상호작용 패턴은 충분히 좋은 부모와의 상호작용을 통해 자신 안에 어떤 이미지를 갖게 한다는 것이다. 이러한 이미지는 그것으로 타인에 대한 모습을 보기도 하고, 자신의 모습도 타인의 반응 속에서 발달시키며, 그 사람을 형성해 간다. 하지만 이런 내적 대상의 표상은 바뀔 수도 있다. 그러기 위해서는 그 이미지가 또 다른 대상, 좋은 대상과의 경험에서 자신의 상처들이 받아들여지고 안기는 경험이 있어야 한다. 이러한 대상관계이론은 자기표상과 타인표상으로 이루어진 대상표상과의 분열과 통합·대상항상성[4]이라는 발달의 과정을 지나면서 충분히 좋은 부모가 옆에 있어 줄 때 아동의 건강한 정서와 행동 발달이 이루어진다고 보았다.

1) 멜라니 클라인(Melanie klein)의 내적환상 엄마

멜라니 클라인은 아기가 태어나서 한 살까지의 판타지(phantasy)를 분석하여 특히 아동 정신 분석의 장을 더욱 발전시켰다. 클라인은 '어머니'와의 관계를 강조하였고, 프로이트의 영향 아래 있으면서 내적 대상에만 머물렀다는 한계를 가지고 있긴 하지만 대상관계이론의 새로운 흐름을 알리는 시작이 되기도 하였다. 본능을 대상과 관계하여 이해하기 시작했는데, 본능적 충동을 대상과의 관계 상황에서 대상을 지향하는 욕구로 이해했다. 유아는 자기 자신을 방어하기 위해 판타지 과정을 통해 자신의 내적 세계를 외부 세계에 투사하고 그 세계를 다시 내면화하는 과정을 통해 자기만의 세계를 창조해 나간다는 것이다.

아이가 웃으면 엄마는 자신도 모르게 아이를 따라 웃고, 엄마를 보며 다시 아이가 안심하는 이런 현상은 아이가 자신의 감정을 엄마에게 투사하고 엄마는 이 감정에 조종당하고 그것들을 모방하는 모습을 보여 준다. 정신분석에서는 이런 심리를 '투사적 동일시(projective identification)'라 부른다. 투사적 동일시란 용어를 처음으로 쓰기 시작한 정신분석가는 영국의 멜라니 클라인이었다. 특히 어린이를 정신분석으로 치료하였고 여기서 얻은 자료를 이론으로 정리하여 프로이트 이론을 더욱 발전시킨 인물이다. 그러나 클라인의 환상은 페어베언, 건트립, 위니캇에 의해 아이는 실제 엄마와의 관계가 주는 '환경'이 미치게 되는 영향력을 주장하면서 비판을 받게 되기도 한다.

클라인은 프로이트가 사용한 전이의 개념을 조금 다르게 사용하였다. 프로이트가 전이에 어떠한 욕구가 억압되어 있는가를 통해 분석을 한다면, 클라인은 관계가 억압되어 전이의 형태로 치료자에게 재생되는 것으로 보았다. 즉, 내담자의 좌절된 관계가 내담자가 원하는 관계로 행동화되어 치료자와의 관계 속에서 재활성화 된다고 보았다. 예를 들어 아이가 치료자를 이유 없이 공격할 때 "어제 엄마에게 매 맞았기 때문에 엄마처럼 보이는 내게 화풀이를 하는구나"라고 해석해 주었다.

클라인은 인격의 성장 과정을 두 가지 단계로 보았다. 편집-분열적 자리에서 우울적 자리로 성장해 가고 이런 과정이 생후 1년 이내에 거의 완성되어 이후 반복하게 된다고 보았다. 클라인은 유아의 심리 발달에 있어 단계(phase)라는 말을 쓰지 않고 자리(position)라는 용어를 썼다. 프로이트가 심리적 발달 단계에서 퇴행이 일어난다고 본 것에 비해 클라인은 발달상 거쳐 가는 단계라기보다는 사물을 바라보는 관점이 되게 하는 심리적인 구조로 보았기 때문이다. 성장이란 계단을 오르면 다시는 아래의 단계가 나타나지 않는 것이 아니라 자리를 바꿔 상황에 따라서 일생 동안 옮겨 다닐 수 있다고 보았다.

○ 편집-분열적 자리(paranoid-schizoid position)

생후 3~4개월 정도의 첫 심리적 발달 단계인 편집-분열적 자리는 유아가 부모라는 대상과의 만남을 갖게 되고 유아는 이 만남을 통해 성장하게 된다. 유아는 젖가슴을 내사하고 젖가슴과 동일시함으로써 자신의 해체에 대한 두려움을 극복한다. 엄마를 내사한 유아에게 엄마는 좋은 경험을 주기도 하지만 항상 동일하게 좋게만 반응해 줄 수는 없기에 유아가 바람직하지 못한 양육의 경험을 하게 되기도 한다. 이때 아이 안에 있는 기본적 공포인 죽음 본능이 자극되는데 공격성을 그 안에 가지고 있던 아이는 그것을 실제보다 더 크게 경험하게 된다. 이 초기의 자아는 약하기 때문에 불안에 직면했을 때 파편화되고, 해체되는 경향이 있다.

내적 대상인 엄마가 좋은(good) 대상이면서 나쁜(bad) 대상으로도 경험하게 되면 유아는 좋고 나쁨을 통합해 낼 능력이 없기 때문에 투사라는 방어 기제를 사용하게 된다. good과 bad로 단순화시켜 만족스러운 감정들로부터 불안한 감정들을 분리시켜 불안을 다룬다. 즉, 이전에 경험했던 좋은 경험과 나쁜 경험을 이미 분열이란 기제를 사용해 분리(splitting)시킨다.

유아가 경험한 엄마는 전체의 엄마가 아닌 엄마의 젖가슴이기 때문에 유아는 자신의 나쁜 경험을 엄마의 젖가슴에 투사하게 된다. 그런데 문제는 엄마가 유아에게 나쁜 대상이 되어 나쁜 젖가슴으로 계속 젖을 주게 되어 유아는 자신이 투사한 대상인 엄마에 대해 두려움을 느끼게 된다. 유아는 자신이 느끼는 나쁜 젖가슴이 해칠 것이라는 박해 불안을 피할 힘이 없어 나를 공격하는 나쁜 젖가슴을 자신 안에 가져와서 자신이 젖가슴처럼 되고자 내사(introjection)하게 된다.

박해 불안은 나쁜 대상이 실제 나를 공격하는 것이 아니라 스스로 감당하기 힘든 모습을 투사한 대상이 나를 박해하는 것처럼 보는 것이다. 최초의 분열[5]은 좋음과 나쁨을 구별할 수 있는 능력을 형성하기 위한 첫걸음으로 이러한 투사적 동일시는 외부 세계와 관계 맺는 능력을 위한 첫걸음이 된다. 클라인은 좌절이 공격성을 증가시키고 그로 인해 나쁜 대상이 형성되기 때문에 병리적인 이유가 된다고도 하였다.

○ 우울적 자리(depressive position)

클라인은 5-6개월에 우울적 자리가 시작된다고 보았다. 편집-분열적 자리를 지나면서 점차 자라는 과정에서 우울적 자리가 자리 잡게 된다. 아이는 엄마의 젖가슴에 자신의 나쁜 것을 투사시켜 자신의 나쁜 것을 엄마에게 보낸다. 그러나 차츰 엄마가 좋은 엄마, 나쁜 엄마 모두 자신의 엄마라는 것을 받아들이게 되고, 자신이 엄마를 파손했다는 죄책감을 가지게 되는데 이것은 건강한 죄책감의 근원이 된다. 사랑하는 엄마를 공격하여 파괴해 버리려고 하는 환상이 자신 속에 있다는 것을 알게 되어 두려움이 생긴다. 미움이 사랑보다 더 강해지면 이런 일이 실제로 일어날 것이라는 두려움이 일어난다.

그런데 이 무렵이 젖을 뗄 때여서 아이는 자신의 파괴적 충동 때문에 사랑하는 젖가슴을 잃었다고 생각하고 자책하고 우울에 빠진다. 아이는 좋은 대상과 나쁜 대상이 한 대상이라는 것을 받아들이면서, 자신이 좋은 대상을 깨뜨렸을 것이라는 두려운 마음의 우울적 자리를 지나게 되어 우울 불안을 느낀다. 우울 불안은 발달 단계마다 일어나고, 상실을 경험할 때 마다 우울적 자리의 핵이 활성화된다. 엄마가 계속 충분히 좋은 엄마로 남았을 경우 우울적 자리를 잘 극복할 수 있지만 그렇지 못할 경우 죄책감이 커져서 우울적 성향을 가지게 되며 삶을 살아나갈 때 자신의 문제에 대한 죄책감을 강하게 느끼게 된다.

편집-분열적 자리에서는 대상과의 관계가 만족 아니면 박탈이고, 자아 중심적이며 전능적인 것에 비해 우울적 자리에서의 대상과의 관계는 전체 대상으로 인식되며 양가적이다. 유아들은 자아 및 지각 능력이 아직 발달하지 않아서 대상들과 판타지 성격의 부분적 관계를 맺는다는 것이다. 우울적 자리에서 이상적으로 완벽하게 빠져 나온 사람은 없다. 인간은 일생 동안 편집-분열적 자리와 우울적 자리를 왔다 갔다 하며 산다. 정도의 차이는 있겠지만 죄책감으로 괴로워하다가 때로는 피해 의식을 느끼고 불안에 떨기도 한다. 이렇게 지속적으로 삶에 영향을 미치는 충분히 좋은 부모와의 관계가 부모교육에서도 매우 중요한 내용으로 다루어져야 할 것이다.

2) 도날드 위니캇(Donald Winnicott)의 충분히 좋은 엄마

위니캇은 "엄마와 아기는 따로 존재하지 않는다"고 하였다. 그럼에도 엄마가 돌봄에 대해 완벽한 기술을 알아야 한다고 생각하지는 않았다. 그의 주된 생각은 엄마가 줄 수 있는 최상의 돌봄은 엄마의 '자기 신뢰'로부

터 온다고 보았다. 위니캇은 1950년~1960년대 그 당시 상황이라며 삶의 초기에 중요한 엄마(주 양육자)의 중요성은 종종 부정되고, 초기 몇 개월 동안에는 영아를 돌보는 신체적 기술만 필요하다고 보기 때문에 좋은 보모만 있으면 된다는 말에 매우 안타까움을 표현했다.

아기들이 건강하고 독립적이며 사회적으로 잘 성장하는 것은 전적으로 좋은 출발을 하는 것에 달려 있으며, 이 좋은 출발은 엄마와 아기 사이의 유대, 사랑으로 보장된다는 것이다. 엄마가 아기를 사랑한다면, 그 아기는 좋은 출발을 하고 있다는 것이다. 아빠는 돌봄의 본질이자 본성 자체인 엄마와 아기 사이의 유대를 방해하는 경향이 있는 모든 것으로부터 엄마들을 보호해 주어야 한다. 엄마는 존재의 연속성을 제공하고, 아기의 성장을 촉진시키는 환경을 만들고 안아준다.

위니캇은 수유와 관련된 과정에서 관계의 희망에 대해 이야기하고 있다. 규칙적인 수유는 엄마나 보모를 편하게 하지만 아기의 입장에서 최상은 먹고 싶은 충동이 올라올 때마다 젖을 먹는 것이다. 자신이 원할 때 젖가슴이 나타나고, 원하지 않을 때 사라지는 것이다. 아기는 엄마의 젖가슴을 자신이 창조한 것으로 여기고, 수천 번의 수유를 통해 자신이 원하던 것이 창조되고 존재하고 있음을 알게 되어 세상에 대한 믿음이 시작된다는 것이다. 만약 엄마가 자연스럽게 떠오르는 것을 따라 자유롭게 행동할 수 있다고 느낀다면, 엄마는 그 일을 통해 성장하게 되고, 아빠는 바로 이 영역에서 엄마가 여유롭게 느낄 수 있도록 공간을 제공하는 도움을 줄 수 있다.

엄마가 초기에 자신의 아기에게 몰두할 수 있도록 외부 환경을 제공해 주어야 한다. 엄마는 환경엄마와 대상엄마의 두 가지 기능을 제공하는데,

환경엄마는 안전하고 편안한 울타리를 제공하고, 아이를 안전하게 안아주는 관계를 제공함으로써 성숙에 필요한 환경을 조성한다. 이러한 울타리 안에서 엄마는 자신을 대상엄마로 제공하는데 그 의미는 엄마가 아기의 사랑과 미움이 집중되는 대상으로서, 없어지거나 멸절되지 않고 아이가 사용할 수 있도록 자신을 제공한다는 뜻이다. 엄마는 아기의 욕구에 반응하고, 하나의 인격으로 또는 하나의 대상으로 남아 있으며, 아무것도 되돌려 받기를 요구하지 않고 그렇게 한다.

이렇게 '대상이 되어 주는 것'을 위니캇은 완벽한 엄마가 아닌 이만하면 좋은 엄마, 충분히 좋은 엄마라고 이야기한다. 성인의 건강은 아동기에 기초를 두고 있으며, 존재의 건강은 출생 후 초기 몇 주, 몇 달 동안 엄마의 돌봄에 의해 마련된다고 보았다. 그러나 이런 특별한 돌봄이 필요함에도 아기는 성장과 발달을 위한 프로그램을 가지고 태어났다. 아기를 부모가 손 안의 진흙으로 생각하고 틀을 만들고, 그 결과에 대해 책임이 있다고 느끼는 것은 불필요한 책임감을 가지고 있는 것이다.

위니캇이 말하고 있는 대상(object)은 우리가 흔히 떠올리는 사물이 아닌 사람에 더 가까우며 '주체'와 반대의 개념으로 받아들이는 것이 본래의 의미에 더 가깝다. 그러므로 위니캇이 대상관계라고 말할 때에는 실제적으로 인격적 관계라는 개념을 가진 말로 해석할 수 있다. 사람들은 자아의 구조 안에 아버지와 어머니의 대상이었던 시절을 간직하고 있다.

위니캇의 발달 단계는 다음과 같다.

○ 절대적 의존기(0~6개월)
유아는 절대적 의존기에서 상대적 의존기(6개월~3년)로 넘어갈 때 대상을 내가 아닌 다른 것으로 구별하지 못한다. 이때의 대상은 주관적 대상이며, 그 후에 습득하게 되는 대상은 객관적으로 지각된 대상이어서 서로 대조를 이루는 개념이다. 이는 후기 의존기를 성공적으로 통과함으로써 얻을 수 있고, 유아는 좌절감을 겪을 때마다 현실을 경험하게 된다.

유아의 필요가 충족됨에 따라 최초의 자기감이 생겨나고, 좌절은 더 견딜 수 있는 것이 되며, 결과적으로 시간에 대한 감각과 함께 점차 현실과 환상의 구별을 가능하게 하는 것이 돌봄이 주는 특징이다. 절대적 의존기 동안 유아는 자기와 타자를 구별하지 못하기 때문에 엄마를 볼 때 자신을 보게 된다. 아이는 자기가 환경을 창조해 가는 것처럼 전능성을 느낀다. 그러나 그렇지 못할 경우 내재화시켜 세상 밖으로 나오지 않을 수도 있다.

아기가 탄생한 후 절대적 의존기의 엄마에게는 유아의 욕구를 충족시키기 위해 자신의 삶을 전적으로 또는 부분적으로 포기하는 자연스런 현상의 시기가 있는데 이 시기를 위니캇은 '일차적 모성 몰두(PMP)[6]라고 하였다. 이런 엄마를 통해 아기는 분리를 인식하지 않고 엄마와의 유대를 형성하며, 전능성을 경험할 수 있다. 유아에게 제공되는 모성적 기능은 '대상엄마'와 '환경엄마'로서의 기능을 제공해 주고, 특히 안아주기는 신체적으로 안아주는 것뿐만 아니라 어떤 긴장 상태든지 공감적으로 담아주는 전체 환경으로서 제공되는 엄마이다. 이 안아주기의 주된 경험은 환경적 침범으로부터 유아를 충분히 보호함으로써 유아가 전능 환상 안에서 살아갈 수 있도록 돕는 것이다. 엄마가 일차적 모성 몰두를 통해 아기의 욕구와 기분과 존재에 주의하면서 아기를 안아주고 심리적으로 지지해 줄 때 아기의 심리적 실존이 시작된다. 아기는 자신의 삶을 스스로 시작하지만 동시에 역설적으로 엄마를 통해서 시작하게 된다.

○ 상대적 의존기(6개월~3년)

상대적 의존기에는 유아가 환경이 외부에 있는 것은 알지만 여전히 자신의 욕구를 충족시켜 주어야 하는 존재로서 인식을 하고 있다. 이러한 욕구를 충족시켜 주는 일관된 대상으로 Good Enough Mother와의 관계 경험, 성공의 경험이 타인의 표상을 내 안에 갖게 되는 자아 관계성을 갖게 한다. 이때 방해가 일어나면 중간대상을 만들어 완충작용을 하게 하는데, 분리불안이나 낯선 사람 불안을 완화시킨다.

위니캇은 용서의 능력이 일차적으로 공격성의 발달과 죄책감의 변천과도 관련되어 있다고 보았다. 공격성을 죽음 본능의 표현이 아니라 생명 본능의 표현으로 보았다는 점에서 독창성을 갖는다. 그는 최초의 대상인 충분히 좋은 엄마가 아이의 공격에 대해 보복하지 않음으로써 아이가 공격 충동을 억압하지 않을 때 공격성을 자신의 인격의 일부로 통합시켜 나갈 수 있다고 보았다. 엄마가 자신의 공격성에 대해 보복적으로 반응하지 않고 견뎌주는 호의적인 상황에서 아이는 차츰 자신의 공격성을 인식하게 되고 따라서 죄책감을 경험하게 된다. 만약 최초의 시기에 아이가 자신의 공격성을 철저히 억압한다면, 아이는 죄책감을 느낄 수 있는 기회를 박탈당하게 되는데, 그때 아이는 자기주장 대신에 엄마의 눈치를 보고 환경의 요구에 순응하고 동조하는 거짓자기를 발달시키게 된다.

즉, 아이의 죄책감 발달에는 두 가지 요소가 필요하다. 하나는 아이의 이유 없는 공격행동에 대해 보복하지 않고 견뎌줌으로써 아이가 자신의 공격 충동을 충분히 경험할 수 있도록 기회를 주는 것이고, 다른 하나는 최초의 죄책감 경험에 따른 아이의 화해의 제스처를 받아주고 아이를 용서해 주는 것이다. 위니캇은 이런 두 요소를 제공해 주는 엄마의 기능을

'대상엄마'와 '환경엄마'로 불렸고, 아이는 이 두 엄마의 경험을 통합하는 것을 통해서 죄책감을 관심의 능력으로 발달시킨다고 보았다.

그러나 만약 아이가 자신의 공격성을 수용해 주는 충분히 좋은 부모를 대상으로 경험하지 못한다면, 아이는 공격성을 분열시켜 억압할 것이며 따라서 소위 죄책감을 느끼지 못하는 아이가 될 것이다. 또한 아이의 공격을 용서해 주고 화해의 제스처를 용납해 줌으로써 아이가 느끼는 최초의 죄책감을 완화시켜 주는 충분히 좋은 부모를 환경적으로 경험하지 못한다면, 아이는 자신의 죄책감을 감당하지 못하고 억압할 것이기 때문에 우울증이나 반사회적 행동의 원인이 되는 무의식적 죄책감을 형성하게 될 것이다. 위니캇은 아기의 타고난 공격성을 살아 있는 증거로 보았다. 그는 태동이나 아기의 발길질이 프로이트가 말한 무자비한 공격성이 아닌 선한 공격성이라고 하였으며, 이런 행동들은 대상의 현실성을 발견하기 위한 것으로 보았기에 프로이트와 구별되도록 아이의 공격성(aggression)을 위니캇은 파괴성(destruction)이라고 다르게 표현하기도 하였다.

위니캇은 자신이 치료 중인 환자에게서 어린 시절 엄마가 안아주는 환경 안에 있던 그 환자의 유아기 모습을 찾는데, 환자들이 이런 자신의 경험들을 전이를 통해 어떻게 커뮤니케이션 하는지 알아보기 위한 것이었다. 그는 경계선적, 분열적, 자기애적 성격장애 환자들을 치료하면서 환자의 무의식이 아동기 환경에 대한 재구성의 과정 안에 자리 잡고 있다는 사실을 알게 되었기 때문이다. 환자의 유아기 환경이 전이를 통해 재창조 되도록 허용하고, 분석가는 전이에 의한 재창조를 통해 과거를 해석한다고 보았다. 이처럼 어린 시절의 환경의 대부분인 충분히 좋은 엄마와의 관계의 경험이 건강한 죄책감을 형성하는데 중요하며, 그저 환경에 순응해 가

는 것은 "병든 삶의 기초"가 된다고 보았다.[7]

위니캇에게 있어 창조적으로 살아간다는 것은 편안하게 존재의 행복감을 느끼고, 이웃을 돌보고, 실재의 중심에 닻을 내리고 있다는 느끼는 좋은 삶을 말한다. 좋은 대상은 우리가 잃어버린 자기 경험을 발견하고 다시 창조할 수 있도록 핵심 원천으로부터의 긍정적인 감정으로 소통이 가능해지도록 돕는 것이다.

3) 크리스토퍼 볼라스(Christopher Bollas)의 부모의 그림자

볼라스는 런던에서 개업한 미국의 정신 분석가로 자폐와 조현병 아동을 대상으로 연구를 하면서 아이들에 대해 관심을 가지게 되었다. 위니캇과 같은 대상관계이론가들에게 영향을 받았음에도 프로이트에게서 가장 큰 영감을 얻었다. 그는 보다 완전한 정신분석을 위해서는 모성관계 뿐만 아니라 부성관계도 활용해야 한다고 제안하였는데, 실천과 관련하여 진정한 이론이 되기 위해 부부로서의 어머니와 아버지에게서 비롯되는 조화로운 미덕을 높이 평가하며, 아버지의 기능은 해석을 통해 창조적인 개입을 제공한다고 보았다.

아기는 처음 몇 달 동안에 존재하는 것과 관계 맺는 것에 대한 복잡한 규칙들을 의사소통한다. 삶의 처음 몇 해 동안에 엄마와 아빠는 아기를 대상으로 취급하는 것을 통해서 존재하는 법과 관계 맺는 법을 가르쳐 준다. 아기와 외부 대상 사이의 심리적 구별이 거의 없기 때문에 아기의 내적인 본능과 부모의 환경적 취급 사이에 거의 구별이 없다. 부모는 존재의 연속성을 제공하고 아기의 성장을 촉진하는 환경을 만들어 줄 뿐만 아니라 그 안에서 아기를 '안아준다.' 이 상황은 본능적 과정과 부모의 돌봄 과정으로 함께 발달한다.

볼라스는 어떤 점에서 자아구조는 아기와 엄마 사이의 경험으로부터 유래하는 것이기 때문에, 이해에 앞서 경험되는 깊은 기억의 한 형태라고 보았다. 아기가 자신을 구조화하는 과정의 결정적인 특징은 엄마가 자신의 대상으로서 아기를 취급하는 방식을 유아가 내재화한 것이다. 볼라스는 개인의 자아 구조는 관계의 흔적이라고 이야기한다. 유아가 각자 대상으로서의 자기를 갖는 복잡한 구조는 삶의 첫 시간들로부터 시작되고, 그때 유아는 부모의 지각과 수용과 촉진과 초기화와 대상 제공을 하게 된다. 유아가 타자의 대상이 되는 과정들을 자아 안에 오랫동안 내재화하고, 대상으로서의 자신을 취급하는 방식은 부분적으로 부모의 대상으로서의 우리 자신이 경험한 역사를 물려받고 표현하는 것이다. 그 관계 안에서 유아는 부모의 공감의 대상이고, 다루어 주는 대상이고, 부모의 법칙이다. 그러므로 모든 유아는 자아 안으로 그 과정들을 내재화 한다. 부모는 자신만의 고유한 돌봄(idiom of mothering)을 통해 존재의 미학을 전달해 줌으로써 유아의 자기(self)에게 개성을 부여한다. 사람은 아직 깨닫지 못한 이디엄(idiom)을 가지고 태어나기 때문이다.

그의 책《대상의 그림자(The Shadow of the Object)》는 그의 관심사가 '대상'임을 보여 주는데, 대상은 중요한 외부 인물이나 사물의 내면화된 표현이나 정신적 이미지를 말한다. 따라서 '대상이 없는 자신' 같은 것은 없다. 즉, 자기는 항상 대상과의 관계 안에서 존재한다. 우리는 인생경험을 통해 자아의식을 발전시키지만 반면 자기 경험을 표현하기에는 너무 복잡함을 느낀다. 비록 우리가 어떤 자아를 가질 수는 있지만 그것이 무엇인지 완전히 인식할 수 없다는 것을 의미한다. 볼라스는 "자아가 갖는 경험의 모든 에피소드는 역동적이고, 복잡하며, 현상을 넘어서는 기질"이기 때문이라고 한다. 프로이트는 사람의 내면에 "그것-Id(Das)"이 있지만 비인격적인 무의식의 영역으로 보았고, 위니캇은 프로이트의 개념을 발전시켜 자발적인 행동과 제스처를 통해 존재를 드러내는 타고난 잠재력인 자기의 핵심을 "진정한 자기(the true self)"라고 제안하였다. 비슷한 맥락에서 볼라스는 "이디엄(idiom)"이라는 개념을 사용하였다. 개개인의 독특한 핵심과 존재를 형상화하는 것으로 그것(Id)과는 다르다. Id는 실현되지 않은 존재이지만 이디엄은 한사람의 삶에서 정교하게 만들어지는 방식이나 형태를 말하기 때문에 자아는 그것 자체가 아니라 이디엄의 정교함과 관련이 있다.

따라서 볼라스는 '대상으로서의 자신'과의 관계에 있어 엄마 또는 아빠가 아이를 다루었던 것처럼 아이도 자기 자신을 다룬다고 한다. 부모의 양육적인 요소를 자기 것으로 가져와 자신을 대상으로 여기는 방식이 된다는 것이다. 모든 성인은 실존적으로는 자기를 다룸으로써, 표상적으로는 자기 객관화를 통해서, '자기의 부분들'을 관리한다. 사람들은 엄마와 아빠의 대상이 되는 기억들을 자아 구조 안에 간직하고 있고, 각자의 대상관계 안에서 그것들을 다시 재현한다. 이러한 표상의 한 이디엄(idiom)을 볼라스는 '대상으로서의 자기(Self)'에 대한 관계라고 하였다. 자아의 형성은 주로 대상과의 관계에 달려있다. 대상관계는 바로 이러한 과제에 참여하고 있는 일차적 타자들과의 동일시를 통해서 자기를 객관화 시키고, 상상할 수 있고, 분석할 수 있고, 다룰 수 있다는 것이다.

대상으로서의 자기에 대한 관계는 복잡한 대상관계이며 개인의 무의식적 환상을 표현해 준다. 볼라스의 강조점은 유일하게 엄마(주 양육자)의 돌봄 체계의 부분적 전이를 구성하는 개인의 공간적, 시간적 이디엄에 대한 것이다. 유아의 초기 경험들은 유아의 대상과 대상환경 안에서 기억되는데 이것은 최초의 기억이다. 우리의 최초의 존재에 대한 기억을 전달해 주는 이 신체 기억(Body memory)은 아직 생각되지 않은 지식의 한 형태이고, 생각되지 않은 부분을 제공한다. 초기 자아의 경험들은 '각인'되어 '사고되지 않은 앎(Unthought known)'이라는 구조로 기록되기 때문이다. 즉, 자아의 구조는 이러한 엄마(주 양육자)와의 만남으로부터 출현하는 기본적인 법칙을 기록하고, 그리고 그 지식은 생각되지 않은 지식의 일부가 된다는 것이다.

자아는 우리가 우리 자신에 대해 가지고 있는 지식의 내용을 말하는 것이 아니라 '자신을 인식하는 능력'을 말한다. 볼라스는 이러한 감각적 인식능력을 이미 가지고 태어난 각 개인들이 발전시켜 나가는 잠재력으로 보았기에 자아를 단지 부분의 합이 아닌 "미학적 지성(an aesthetic intelligence)"이라고 보았다. 볼라스의 자아는 비록 알 수 없는 것이지만 사람들은 그것이 거기 있다는 것을 느낄 수 있고, 나아가 자신의 삶에서 저자가 되는 느낌을 준다고 하였다.

우리가 내재화한, 타자의 대상이 되어가는 경험을 통해서 그것이 내 안에 둘됨(two-ness)의 감각을 확립한다. 우리는 우리의 참자기를 객관화(실체화)하고 다루기 위해서 우리의 자기에 대한 엄마의 상상력과 엄마가 다루었던 구조를 사용한다. 대상이 나타나는 방식이 최초의 삶에서 경험했던 대상관계가 지금 재현되는 것이다. 그래서 각 성인 안에 있는 특정형태의 자기 지각과 자기 촉진, 자기 취급, 자기 거절은 아직도 대상으로서의 자기를 취급하는 활동 안에서 작용하는 내재화된 부모의 돌봄 과정을 표현한다고 말하는 것이 적절할 것이다.

갓난아기들은 만족스러운 돌봄을 받기도 하지만 현실에서 때로는 좌절되기도 한다. 비슷한 맥락에서 미학적 순간은 아름답고 황홀하지만 또한 추하고 두려운 경험이 될 수도 있다. 어느 쪽이든 양쪽 모두 변형의 실존적 기억을 담고 있기 때문에 움직인다. 이 변형적 대상의 재연되는 패턴은 한 사람의 삶을 이끌어간다.

위니캇의 참자기와 거짓자기에 대한 개념을 통해 좀 더 이해해 보면, 위니캇이 거짓자기와 참자기에 대해 말할 때는 대상으로서의 자기에 대한 현상의 요소들로서의 관계를 말한다. '거짓자기'는 아이에 대해 엄마가 자신의 여러 가정들에 기초하여 그 가정대로 아기와 소통하는 것으로 이때 거짓자기의 부모는 아이와의 관계 속에서 아이가 아닌 자신을 만나게 된다. 그러나 '참자기'의 부모는 아이를 타고난 자질과 환경 속에서 살아가게 한다.

아기의 제스처는 잠재적인 진정한 자아의 존재를 나타내고 좋은 대상은 제스처에 드러난 유아의 욕구를 만족시킨다. 위니캇에 의하면 진정한 자기의 실현은 충분히 좋은 어머니의 돌봄이 없이는 불가능하다. 아기는 거짓자기로 환경에 반응하는데 일련의 거짓관계를 형성한다. 참자기를 숨기는 것은 거짓자기의 중요한 기능인데, 이렇게 함으로써 진정한 자기의 소멸로부터 보호할 수 있기 때문이다. 거짓자기는 참자기를 착취하여 생각할 수 없는 것에 대한 방어로 참자기를 전멸시키려 한다. 아기의 자발성과 창의성에 반응하지 못하는 부모와의 좋지 않은 관계 경험은 아기를 순응적인 삶으로 이끌어 갈 것이다.

볼라스는 "자아의 구조는 깊은 구성적 기억의 한 형태"라고 말한다. 이것은 개인의 최초의 경험들에 대한 회상이고, 비록 그것이 전체 대상 의미에서 인격의 의미로서 어떻게 부모가 이 특별한 아이를 돌보았는가를 말해 준다. 개인의 성격은 하나의 과정이라고 주장하는 볼라스는 아기는 대상을 내재화하는 것이 아니라 대상으로부터 유래한 '관계의 경험'을 내재화한다고 한다. 곰인형 테디베어는 아기 안에서 엄마와 같은 심리적인 감정을 떠올리게 한다면 이것은 아기가 테디베어에 대한 환상을 발달시켰다는 것을 의미한다. 과도기적인 물건이었던 테디베어가 엄마의 감정을 기억하도록 돕는 변형적 대상이 된 것처럼 과도기적인 대상에 대한 경험과 창조적인 공간이 제공된다면 변형적인 대상의 경험을 재현할 수 있을 것이다.

이처럼 볼라스는 대상 자체보다도 대상과의 관계의 경험을 내재화 하는 것의 중요성을 통해 부모교육에 대한 통찰을 제공하고 있다. 아이나 부모의 성격은 관계의 경험으로, 시간 속에서 표현되어지는 것이라면 아이가 자기의 감각을 정교하게 형성해 가도록 반응해 주고 담아 주어야 한다. 정연득은 우리의 삶을 바꿀 수 있을 만큼의 심오한 정신은 그 대상이나 환경에 의해 자아가 형성되고 변형되는 순간과 관련이 있다고 한다. 따라서 엄마의 여러 모성적 돌봄의 기술인 안아주기, 다루어 주기, 반응하기 등을 통한 받아들여지고 안기는 느낌은 부모에게 순응하는 아이가 아닌 이디엄적 자기로 살아가게 하는 미학적 경험의 순간을 제공할 것이다.

4) 오토 컨버그(Otto Kernberg)의 유아의 공격성

컨버그는 대상관계이론의 개척자로 아동이 주 양육자와의 정서적으로 강력한 경험을 하는 것에 주목하였다. 이 연결 관계의 반응이 자신과 타인을 보는 관점을 형성하여 어떤 패턴으로 나타난다고 보았다. 초기의 강력한 경험은 주로 아동의 욕구를 만족시켜 주거나 혹은 반대의 불만족스러운 경험으로 생긴 애정 또는 증오의 느낌이다. 강렬하게 경험되었기에 감정적인 각인을 통해 관계의 원형을 재현하는 데 영향을 미치는 것으로 여겨졌다. 로널드 페어베언(W. Ronald D. Fairbairn)도 사람들의 관계 패턴에 대해 사람들은 '자기가 맺은 초기 대상과의 관계 패턴을 인생이라는 극장에서 재연하는 배우처럼 살아간다'고 하였다.

인간관계 경험에서 발생하는 사랑과 공격성에 초점을 두고 있는 컨버그는 유아의 심리구조의 형성이 유아-양육자와의 '현실 관계 경험'에 따라 '어떻게 내부세계를 형성하는지'가 달라진다고 보았다. 유아의 타고난 생물학적 요소들과 현실에서의 관계 경험은 지속적인 상호작용을 할 수밖에 없다. 즉 경험에서 발생하는 정서에 매우 큰 영향을 받는다. 유아의 미숙한 자아는 정서를 크게 즐거움과 불쾌함으로 인식한다. 그리고 여기에 좋음(all good)과 나쁨(all bad)의 의미를 부여한다. 유아는 그 관계 경험 및 정서를 내면화(internalization)하는데, 이 과정에는 자기 및 대상이미지와 이를 연결하는 정서가 하나의 단위(unit)로 작동된다.

따라서 모두 좋거나(all good), 모두 나쁜(all bad) 느낌이었던 이 극단적 경험들이 자기와 타인의 경험을 과도하게 표상시킬 수 있다. 평범한 일상이 아닌 극단적인 상황들을 반영하게 되고, 자기와 타인에게로 옮겨지게 되면 왜곡된 지각을 하게 된다. 이러한 어린 시절의 경험과 관련하여 자신과 타인을 전부 좋거나 전부 나쁘게 보기 때문에 정서가 강력한 애정 또는 증오를 경험하게 된다. 좋음에서는 욕동으로서의 리비도(libido)가, 나쁨에서는 공격성이 출현한다. 결국 어떤 주관적 감정을 많이 경험했느냐에 따라 리비도와 공격성 중 어느 쪽이 더 우세한 동기가 되는지 결정되는 것이다.

유아는 좋은 대상과의 즐거운 경험은 증가시키려 하고 불쾌한 경험을 유발하는 나쁜 대상을 파괴하려 한다. 자아의 성숙과 심리구조(초자아, 자아, 이드)의 원활한 형성은 대상의 좋음을 어떻게 경험했느냐에 달려 있다. 억압된 공격성은 무의식에서 계속 자라고 있고, 어떤 형태로든 의식화되려 애쓰는 상태로 남아 있게 된다. 이러한 공격성을 분열(splitting)시켜 버리면, 클라인이 말한 편집-분열적 자리에 머무르게 되거나 공격성이 지속되어 분열기제의 활성화를 가져오면 결과적으로 자아가 약함의 특성을 드러내는 심리구조를 형성하게 된다. 그렇게 되면 통합된 자기 및 대상의 개념화, 관계능력은 약화 된다.

자신이 살아내지 못한 파괴성을 다른 사람에게 투사하여 만들어 낸 나쁜 대상은 자신의 적이 되어 자기 자신만이 옳다는 편견을 갖게 되는 위험에 빠진다. 이것이 위험한 이유는 외부에 있는 대상에게 자신의 파괴성을 투사하는 동안 우리 안의 내면의 파괴성은 더 무서운 것으로 자리하게 되기 때문이다.

컨버그는 심리발달을 위해 내면세계에서 다음과 같은 과제를 잘 해결해야 한다고 제시한다. 첫째, 자기와 타자에 대한 심리적 구별이다. 즉 독립적이며 신뢰할 만한 자기 감각과 대상과의 명확한 경계가 형성되는 것이다. 유아의 초기에 내사된 정서는 강렬하다. 그래서 원시 자아는 이를 분리시켜 두는데, 존재의 능력과 행동하는 능력을 통합하기 위해 우리는 공격성을 직면할 필요가 있다. 우리의 공격으로부터 타자가 살아남는 것이 중요한데, 우리가 공격성을 억눌러서 상대가 살아남는 것이 아니라 상대가 스스로 살아남는 것이 중요하다. 왜냐하면 공격성이 궁극적으로는 전적인 파괴가 아니라는데 그 의미가 있기 때문이다.

둘째, 분열(splitting)을 극복하는 것이다. 유아에게는 초기 좋은 대상관계의 경험을 증가시켜 분열을 감소시키고 자기의 좋고 나쁨, 대상의 좋고 나쁨을 통합할 수 있도록 도와야 한다. 점차 통합의 단계로 나아가다 보면 좀 더 높은 수준의 방어를 가능하게 한다. 공격성을 마주하고 수용하면서 차츰 활용 가능한 에너지로 변형시켜 나가는 것이 중요하다. 더 이상 자신 안에 있는 두려움과 경멸하는 부분들을 다른 사람들에게 투사하여 적을 만드는 일을 중단하면 그들을 두려워하지 않게 된다.

우리가 가진 이미지와 현실의 이미지가 타자에 의해 파괴될 때 내가 만든 타자가 아닌 현실에서 독립적으로 존재하는 타자를 만나게 된다. 우리가 만들어 낸 것과는 다른 진정한 타자와 마주하는 시작이 되고, 그 작은 시작이 새로운 것을 받아들일 수 있는 우리를 위한 자원이 될 수 있기에 중요하다. 그렇다면 다른 사람과 편안하게 관계 맺는 가운데 활용 가능한 공격성은 자존감을 높여 주고, 자신의 옳다고 믿는 것을 주장하게 해 주며, 삶의 고통에서 살아남는 것을 가능하게 해 줄 수 있다. 유아의 공격성을 신뢰할 만하고 안전하게 받아 줌으로써 안아주는 부모에 의해 아이는 자기로 존재할 수 있는 자기감을 발달시킬 수 있다.

1. 자기(self)는 분명 존재하나 눈에 보이는 실체로서는 아니다. 그러나 관계 속에서 경험되고 발견될 수 있으며, 변화한다. self는 무의식의 영역에서 자신을 형성하는 어떤 것으로 이와 비교해 볼 때 자아(ego)는 심리적 기제를 사용하는 행위자(agency)이다.

2. 표상이란, 어떤 대상을 상정할 때 내면에는 동시에 그 대상에 대한 이미지가 만들어지는 것으로 심리적 기제들의 역동에 의해 형성된다.

3. 대상표상은 우리 내면에 감정과 밀접하게 연관된 self를 표현해 주는 이미지를 말한다.

4. 대상항상성이란 사람과 사물 모두를 자신과 분리된 것으로 보는 능력이며, 시간과 공간속에서 항구적으로 생각하는 능력. 데이비스와 월브릿지는 우리에게 이런 능력이 없다면 어느 정도의 독립성에 도달하지 못할 것이라고 한다.

5. 분열(splitting)이란, 자신이 느끼는 감정들과 모습을 좀 더 다루기 쉬운 모습으로 나눠서 떼어놓는 것을 말한다. 좋은 것과 나쁜 것을 분리해 놓고 이 상태를 유지시킨다.

6. 위니캇은 일차적 모성 몰두(Primary maternal preoccupation) 기간(생후 6개월까지)에는 보통 엄마와 아기가 정서적으로 한 부분으로 경험된다고 보았다.

7. 위니캇은 엄마 또는 아빠라는 성별 차이를 떠나 주 양육자의 개념으로 'Good Enough Mother'라는 단어를 사용하였기에, 필자도 이만하면 좋은 엄마, 충분히 좋은 엄마 또는 충분히 좋은 부모로 맥락에 따라 혼용하였음을 밝힌다.

2장

돌봄의 기술을 위한 이해

1. 투사적 동일시(projective identification)

부모 자녀 관계에서 의식의 영역으로 드러난 소통은 알아차리기 쉽고, 주변 사람들에 의해 관찰될 수 있다. 그러나 무의식적인 소통은 정신분석적 훈련을 받은 정신과 의사나 정신역동적 임상 훈련을 받은 전문가들이 아닌 이상 알아차리기 어렵다. 그럼에도 이런 무의식적인 소통을 의식화하기 위해서는 무의식이 재연되고 있는 관계 경험에 대해 이해할 수 있어야 변화나 치유가 가능해진다. 무의식적인 소통에 접근하기 위한 도구가 되는 개념이 바로 투사적 동일시이다. 그러나 의도적이고 드러난 소통이 아니기 때문에 그 개념을 이해하기는 쉽지 않다. 이 투사적 동일시의 개념을 이해하는 것은 부모가 자녀를 양육하는 과정에서 유독 힘든 경험이 언제 강렬하게 도래하는지 알게 되는 자신의 이해를 경험하게 될 것이라 생각한다.

투사적 동일시는 멜라니 클라인의 '편집-분열적 자리'에서 유아가 박해 공포와 멸절불안으로부터 자신을 보호하기 위해 분열(splitting)시키는 것에서 그 개념이 시작되었다. 자기가 원하지 않는 부분을 분열시켜 다른 사람에게 던져 넣어 없애려는 전능 환상의 과정이라는 것이다. 내적인 방어로부터 대인관계의 의사소통 방식으로, 초기 대상관계와 심리적 변화를 위한 통로로써 사용된다.

아이가 처음 만나는 세상은 엄마(주 양육자)라는 대상과의 만남이다. 이 만남을 통해 아이는 성장을 한다. 엄마가 좋은 경험을 제공하면 리비도가 자극이 되는데 엄마가 늘 좋은 경험만을 제공해 줄 수는 없기 때문에 아이는 바람직하지 못한 양육도 경험하게 된다. 따라서 이런 경험이 단순한 욕동의 자극뿐만 아니라 증오, 미움과 같은 원초적 감정들이 생기게 할 수 있다는 것이다. 엄마란 내적 대상이 좋은 대상으로도 그리고 나쁜 대상으로도 함께 경험된다. 나쁜 대상의 경험이 견딜만하면 좋겠지만 우리 안에 있는 타고난 공격성 때문에 견디기 힘들 정도로 자극이 될 때도 있다. 유아는 좋고 나쁨의 경험을 통합할 능력이 없기 때문에 유아가 사용하는 첫 번째 방어기제는 투사(projection)이다.

내 안의 좋은 대상을 보호하기 위해 나쁜 대상을 꺼내야 한다. 그 이전에 좋은 경험과 나쁜 경험을 분리시키는 분열이란 기제가 여기에서 이미 작용되고 있다. 아이가 경험한 엄마는 전체 인격이 아니라 엄마의 젖가슴이기 때문에 아이는 나쁜 경험을 엄마의 젖가슴에 투사를 한다. 따라서 엄마의 젖가슴은 나쁜 젖가슴으로 변질되게 된다. 이제 나에게 다가오는 엄마란 대상이 나쁜 대상으로 아이에게 느껴지게 되는 것이다.

내가 투사한 엄마가 계속해서 나에게 젖을 공급하는데 아이는 여기에서 두려움을 느낀다. 그리고 아이는 나쁜 젖가슴이 나를 해칠 것이라는 불안(박해불안)을 피할 수 있는 힘이 없기 때문에 이 상황을 견딜 한 방법은 나를 공격하는 젖가슴을 내 안에 가져와서(내사) 젖가슴처럼 되는 것이라고 생각한다. 박해불안을 느낀다는 것은 나쁜 대상이 나를 공격하는 것이 아니라 내가 감당하기 힘든 내 모습을 투사한 대상이 나를 박해하는 것처럼 보이는 것이다. 이러한 좌절과 양가감정은 불안을 가져온다.

아이가 감당하기 힘들어서 자신의 것을 던지면, 그 투사를 상대방이 투사수용자가 되어 담아 주고(containing), 체현(incarnation)해 주는 안전한 공간을 제공할 때 소화가 되어 투사자에게 변화가 일어나게 된다. 클라인은 주로 심리 내적인 방어기제로 사용하는 투사적 동일시를 이야기했다면, 더 나아가 알프레드 비온(Alfred Bion)은 대인간 의사소통으로 사용하는 투사적 동일시로 보았다. 부모 자녀 관계로 예를 들어 설명하면 먼저 부모는 자기가 힘들다고 여겨지는 일부를 다른 대상인 자녀에게 투사하고, 그 투사한 부분이 자녀에게 있다고 여기는 무의식적 환상을 갖게 된다(투사). 이후 부모 자녀 관계의 상호작용을 통해 자녀는 부모와 동일하게 생각하고 느끼고, 행동하라는 압박을 받아 그렇게 행동한다(유도과정). 부모에 의해 자녀에게 투사된 것들이 자녀 안에서 변형되어 다시 부모에게 되돌아가게 된다(재내면화).

비온은 담아주기와 알파, 베타요소와 같은 개념들을 사용하여 투사적 동일시를 더 발전시켰다. 유아가 생을 시작하게 될 때 유아는 '베타요소'라는 인식되지 않는 경험을 하기 때문에 투사적 동일시에 의해 배출된다. 이후 주 양육자에 의해 감정이 처리되고 소화되는 알파기능을 통해 '알파요소'를 작동하게 된다. 베타요소는 소화되지 않은 사실이고, 알파요소는 사고를 위해 사용될 수 있다. 비온 역시 주 양육자인 어머니의 역할을 매우 중요하게 보았는데, 생애 초기 아이의 공격으로부터 살아남아 주는 위니캇의 충분히 괜찮은 엄마와도 연결된다. 비온은 주 양육자가 베타요소인 원초적 경험을 안아주고 다루어줌을 통해 유아의 사고가 가능해지고 견딜 수 있도록 알파화할 수 있다는 것이다. 비온은 이것을 엄마의 '몽상(reverie)' 능력이라고 하였는데 유아 스스로가 처리할 수 없는 불안이나 좌절을 엄마가 대신하여 견디어 주는 관계적 심리상태를 말한다. 낸시 초도로우(Nancy Chodorow)는 유아의 불안, 갈등, 양가감정의 많은 부분이 태생적인 것이 아니라 어머니와의 관계에서 경험하는 좌절과 불일치에 대한 유아의 반응이라고 보았다.

투사적 동일시는 유아가 자신의 느낌을 언어로 전달할 수 없어서 자신의 경험을 전달하기 위해 엄마에게 그 경험을 불러일으키는 것으로부터 시작된다고 볼 수 있다. 그래서 투사적 동일시는 here&now에서 느끼게 되며 이때 사용하는 도구는 자기(self)이다. 그러나 한편으로는 관계경험의 언어이기 때문에 공유되기 위해서는 해석되어야 한다. 투사적 동일시가 처음에는 클라인에 의해 투사하는 유아 중심에서 시작되어 비온에 이르러서는 환경엄마에게로 옮겨 갔다. 심리 내적인 개인방어이든 의사소통을 위한 대인간 소통이든 부모 자녀 관계를 이해하는 데 매우 깊은 통찰을 주는 중요한 개념이다. 부모자신이 자녀에게 자신의 경험과 느낌, 불안을 투사하여 그렇게 반응하도록 만들기 때문이다. 그럼 부모의 것이 아닌 자녀 자신으로 살아가도록 돌본다는 것은 어떤 의미일까?

2. 촉진적 환경

우리가 우리 자신으로 살아갈 수 있는 능력은 일상에서 우리를 안아주는 환경과 그 존재에 달려 있다. 그 환경이 촉진적 발달을 제공하는 환경이 되기 위해서는 돌보아주는 대상, 위니캇이 말한 어머니라는 구체적인 실재가 필요하다. 자기(self)로 존재할 수 있는 능력은 우리 각자 안에 있지만 사람들 간의 연결된 관계 안에서 발견되고, 자기로 존재할 수 있다면 보다 유연한 삶을 살아갈 수 있다. 대상관계는 삶과 죽음의 갈등 가운데 내 욕구를 건강하게 조화시켜 역동 안에서 살아내는 것으로, 내 안에 갈등은 있지만 그것이 바로 내가 살아 있는 증거라 할 수 있다.

대상관계이론들의 공통점은 인간관계를 가장 중요한 역할로 여겨 정신 병리와 치료에서도 중요하게 여기고, 특히 충분히 좋은 엄마와 아기의 '관계'를 중요하게 부각시키고 있어 생후 첫해 혹은 36개월까지를 중요하게 생각한다. 인간의 원초적 역동, 성숙의 길은 좋음과 나쁨을 어떻게 통합해 내는가에 달려 있다고 보고, 창조적으로 산다는 것은 자기 존재의 행복감을 느끼고, 자기를 아는 삶이다.

위니캇은 아이의 좋은 출발을 위해 충분히 공급해 주는 부모의 기능을 일컬어 'Good Enough Mother'(충분히 좋은 엄마)라고 했다. 여기서 그가 말한, 충분히 좋은 엄마는 아이의 발달 시기에 아이가 요구하는 것을 충분히 알아차리고 충족시켜 줄 수 있어야 한다. 충분히 좋은 엄마는 일차적 모성 몰두에서 살아남는데 엄마가 살아남음으로써 아이는 대상을 창조할 수 있는 능력을 얻는다. 반면, 아이의 욕구를 만족시키지 못한 엄마는 아이에게 공격받는 느낌을 제공하게 된다. 심한 경우에는 자기 자신이 박해

받았다고 느낀다. 위니캇은 '대상의 생존(survival of the object)'이 인간 초기발달의 핵심이라고 하였다.

대상은 대상의 생존에 따라 대상관계(subject relating)에서 대상사용(object usage)으로 발달할 수도 있고 하지 못할 수도 있다. 이런 대상이 되는 부모가 자녀에게 제공하는 초기 환경이 촉진적 환경으로 제공되기 위한 모성적 돌봄을 위니캇은 안아주기(Holding), 신체 다루기(Handling), 대상 제공하기(Providing Object), 반영하기(Mirroring), 살아남기(Surviving), 놀이(Playing) 등으로 설명하였다. 여기서는 위니캇이 제시한 충분히 좋은 엄마, 이만하면 좋은 엄마라는 용어를 사용하여 촉진적 환경을 위한 모성적 돌봄의 기술을 설명하였기에 주 양육자, 부모의 개념을 포괄하여 충분히 좋은 엄마 또는 엄마로 혼용하여 사용하였다.

1) 안아주기(Holding)

안아주기는 유아의 생애 초기 사랑의 한 형태로서 육체적으로 아기를 안아주는 것을 말한다. 이 안아주기는 아기에게 전체적인 환경을 제공하는 것이다. 위니캇은 아빠와 엄마의 개인적인 경험들이 아이를 돌보는 관계의 질적 유형과 요소를 구성하는데 큰 영향을 미친다고 하였다. 그들의 출생 경험과 어린 시절의 경험은 환상 안에서 더 정교해지고 의식으로 떠올리기는 어려워도 결코 잃어버리지는 않는다는 것이다.

특히 유아기의 환경 경험의 질은 엄마됨의 질적 내용과 관련이 있다. 그는 엄마에 대해 "그녀는 예전에 아기였고 아기였을 때 돌봄을 받았던 것을 기억한다. 그리고 이런 기억들은 그 자신이 엄마로서 역할을 수행하는 것에 도움을 주기도 하고, 방해하기도 한다"고 하였다. 모든 사람들이 아기였던 적이 없었던 적은 없으며, 그 때 자신들이 돌봄을 받은 것에 대한 신체의 기억을 가지고 있는데 이것이 중요한 이유는 아주 개인적이고 인격적인 부분의 성장에 영향을 미치기 때문이다.

또한 위니캇은 아기의 출생 전후 몇 주간의 엄마의 특별한 심리 상태를 '일차적 모성 몰두'(Primary Maternal Preoccupation)라고 하였다. 일차적 모성 몰두는 임신 기간 동안 점차로 발달하여 특히 임신 말기에 고도로 민감한 상태가 된다. 그것은 아이를 출산한 후 몇 주 동안 지속된다. 엄마들은 일단 그 상태에서 회복되면 그것을 쉽게 기억하지 못한다. 이러한 특징을 갖는 일차적 모성 몰두기간에 '엄마에게 적절한 일을 하게 하는 특별한 능력을 제공한다'는 위니캇의 견해는 한국적 상황에도 잘 일치한다. 우리나라에서는 삼칠일을 두어 21일간은 아이에게 온전하게 몰두하도록 산모를 배려하였다.

그리고 지금은 산업화 정보화 시대를 살며 엄마가 되는 여성들의 취업이나 사회적 성공이 긍정적으로 인식되는 사회가 되었다. 이는 위니캇이 모성 장애라고까지 이야기한 '정상적인 병(normal illness)'에 이르지 못하는 경우로, 아이를 가졌을 때 포기할 수밖에 없는 그러나 본인에게는 매우 중요한 사회적 성공이나 성취, 다른 관심에 대해 집중한다면 초기 단계의 모성적 몰두의 기회를 놓쳐 버려 그것을 만회할 과제를 직면하게 된다는 것이다. 자라나는 아이의 욕구에 세심하게 반응하고자 노력하지만 초기의 왜곡을 회복시키는데 성공할 수 있을지는 확실하지 않다고 한다.

여성의 취업 증가 및 핵가족 형태가 늘어나면서 공공보육 서비스를 확대하고자 영아 전담 보육시설들이 국가에 의해 권장되었다. 물론 수요자의 요구에 대한 행정적 대응이었으나 아이의 요구에 적응해 주고 버릇없는 행동을 담아내는 부모의 역할이 미치는 장기적인 영향에 대해서는 생각하지 못한 측면이 있다. 사회적 서비스로 제공되는 공공 보육의 형태가 단체 생활을 하게 되기에 보육의 질적 측면에 대해 더 고민이 필요한 지점이다. 오히려 엄마뿐 아니라 아빠가 될 사람인 남편까지 출산 휴가를 충분하게 사용할 수 있는 허용적인 문화적 정착이 훨씬 우리나라의 미래를 위하는 일이 될 것이다. 아이를 돌보는 가장 좋은 방법은 평범하며 헌신적인 부모로 다른 관심에 우선순위를 두지 않는 충분히 좋은 부모에 의해 일차적 모성 몰두 시기를 갖게 하는 것이다. 초기에 놓쳐 버린 것을 다른 단계에서 만회할 때는 큰 대가를 지불해야 함을 우리는 알고 있다.

안아주기(Holding)를 '점차 자신을 경험하는 존재가 되기 위한 기초'라고 한 위니캇은 삶의 신뢰적인 흐름을 깨지 않으려면 안아주기가 그 환경의 특징이어야 한다고 하였다. 안아주기는 생리적인 것과 심리적인 것이 아직 구별되지 않은, 구별되어져 가는 과정상에 있는 아주 초기에 사랑의 한 형태로 육체적으로 아이를 안아주는 것을 포함하며, 또한 함께 산다는 것보다 선행하는 전체적인 환경을 제공하는 것을 의미한다고 하였다. 특히 자아가 통합되기 이전의 절대적 의존기에 아이에게 안아주는 환경의 제공은 자아의 발달과 통합을 가능하게 해 준다.

이러한 안아주기는 우리에게 평범한 부모들에 의해 수행되는 자연스러운 돌봄에 대한 중요성을 다시 한번 돌아보는 시각을 제공해 준다. 더 나아가 단지 절대적 의존기에 있는 유아뿐 아니라 성장하는 아이나 청소년, 성인기에 이르러 혼란이나 해체 등의 위협이나 위험의 순간에도 언제든지 도움이 된다.

몇 년 전 호주의 한 청년이 'FREE HUG'라 쓴 글을 목에 두른 채 거리의 한 복판에 서서 지나가는 사람들을 안아주었던 동영상(UCC)이 전 세계 사람들의 화제가 된 것은 안아주기에 대한 우리의 신체적 향수를 자극했음은 물론 그 반대의 보상 심리를 채워 준 것이라 볼 수 있겠다. 그 영상에 담긴 안아주기의 감동은 한국에까지도 이어져 많은 '프리 허그' 영상이 제작되는 계기가 되기도 하였다.

2) 신체 다루기(Handling)

아기를 다루는 것(Handling)은 안아주는 환경의 중요한 측면으로 유아는 적절한 다루기를 통해 자기 몸을 자신의 일부로 받아들여 자기가 몸 안과 몸 전체에 있음을 느끼게 된다. 아기를 다룰 때 우리는 아주 조심스럽게 다루는 스스로를 보게 된다. 이렇게 다루어지는 과정에서 나와 나 아닌 것을 구분해 가는 유아는 '몸과 정신을 통합'하게 되는 것이다. 그러나 위니캇은 유아의 생애 초기에 엄마가 유아를 받아들이고 사랑하지 못한다면, 이러한 엄마의 태도로 인해 아이의 심리 내면에서 몸과의 접촉 상실 또는 몸으로부터의 해리가 일어나 현실 적응에 실패하게 된다고 보았다.

자아의 왜곡은 아이를 돌보는 사람의 태도의 왜곡에서 기인한다. 아기와 함께 있는 엄마는 끊임없이 아기의 몸과 정신을 서로에게 소개시키고 또 소개시킨다. 일반적으로 적절한 다루기는 충분히 좋은 엄마의 자연스러운 기술의 일부이기 때문에 자연스럽게 아기를 안을 수 있다. 아기는 자신의 팔, 다리, 목조차 가누지 못하지만 신체의 모든 부분이 아기를 안아주는 엄마에 의해 함께 모아지며, 엄마의 손에서 하나가 된다고 한 위니캇은 이러한 '하나 됨'을 자아 통합에 있어서 필수적이라고 보았다. 몸의 조화가 세련의 기초가 되며, 신체 활동에서 느끼는 즐거움의 기초가 된다는 것이다.

아이를 대할 때 돌봄의 기술이 아무리 부족한 사람이라도 함부로 아기의 팔을 들어 올린다거나, 세게 부딪히며 바닥에 눕힌다거나 하지 않는다. 본능적으로 우리는 아이에게 집중하고 아주 조심스럽게 아이를 대하게 되는데 이것은 아이에게 줄 수 있는 큰 공감의 표현이 될 것이다. 안아주는 환경과 마찬가지로 적절한 신체 다루기는 신체적인 움직임과 표현, 만족을 주는 근육과 피부 경험을 통해 유아를 만족시키는 돌봄과 밀접하게 연결된다.

에모토 마사루의 《물은 답을 알고 있다》라는 책에서는 감정이 있을 것이라는 생각하지 못했던 물에게도 애정을 표현하면 물 분자가 아름다운 모양으로 변화한다고 주장한다. 한편으로는 자연스럽고 너무나 당연하기까지 한 이러한 신체적 다루기는 우리가 모르고 행하기에는 너무나 중요한 모성적 돌봄이며, 이러한 돌봄을 일관성 있게 제공하는 충분히 좋은 부모에 의해 아기의 몸과 정신은 통합되어 가는 것이다. 유아는 적절한 다루기를 통해 몸을 자기의 일부로 받아들이게 되고 자기가 몸 전체에 거주한다고 느끼게 된다.

3) 대상 제공하기(Providing Object)

위니캇은 아이가 인간 그 이외의 환경을 사용하는 것은 앞서서 인간 환경을 어떻게 사용하는가에 달려 있다고 하였다. 즉 대상을 사용하기 이전에 대상과의 관계를 맺는 것이 선행되어야 한다는 것이다. 대상(Object)이란 무엇인가? 대상이란, 내가 사랑과 미움을 보냈던 사람이나 사물이다. 사람은 본능적으로 태어날 때 대상과 적극적으로 관계 맺을 수 있는 능력을 가지고 태어난다. 아기는 절대적 의존기에 엄마로부터 안기는 경험과 신체가 다루어지는 경험을 거치면서 자신의 욕구를 충족시켜 주는 일관된 대상과의 경험을 하게 되는데, 이것은 타인에 대한 표상을 갖게 하고, 자아 관계성을 갖게 한다. 그러한 과정 가운데 완충지대인 중간 지대가 생기게 되고 낯선 이에 대한 불안이 감소하게 되는 것이다.

대상 제공은 자기만의 상상과 기대 속에서 자라나는 아이에게 점차로 현실을 소개하는 것으로, 위니캇은 초기에 충분히 좋은 엄마의 돌봄이 있다는 것은 단지 유아에게 만족스러운 환경을 제공하는 것이라기보다는 유아로 하여금 대상을 발견하고 대상과 친숙함을 만들어 나가는 것이라고 한다. 이때 유아가 현실 세계에서 건강하게 살아남으려면 아이가 전능성을 경험해야 하는데 너무나 상반되는 두 양육자에 의해 돌봄을 받게 되면 예측 불가능한 행동으로 유아가 혼란을 경험하게 된다. 또한 부모는 유아의 현실과 상상을 이해하도록 만들며 적절히 세상을 상상하게도 하고 적절하게 세상과 상상이 같지 않음도 보여 주어야 한다.

위니캇은 아이들이 최초로 '나' 아닌 소유를 알게 되는 대상을 '중간대상(transitional object)'이라고 불렀다. 중간대상의 개념은 위니캇의 이론에서 중요한데 내적 대상도 외적 대상도 아닌 제3의 대상이다. 일반적으로 그냥 만드는 환상과 달리 이미 제공된 재료를 기반으로 하여 만들어지는 환상이기 때문에 환상의 영역에 있으면서도 환상이 아니기도 하다. 이러한 대상은 유아에게 계속되어 아주 중요한 것이 되는데, 만약 부모가 그것을 없애거나 심지어 그것을 세탁하는 경우에는 그것의 연속성을 깨뜨려 환상을 사라지게 하는 결과를 낳는다. 아이들에게는 아무리 냄새나고 더러워도 자신의 곰 인형이나, 호랑이 꼬리인형, 이불 모서리들을 놓지 않으려는 것과 비슷한 것이다. 자장가나 몸짓, 반복적인 어떤 태도 등도 비슷한 역할을 하기도 한다. 위니캇은 중간대상을 사용하는 중간현상이 나타나는 시기를 4-6개월부터 8-12개월 정도로 보긴 했지만 의도적으로 광범위하게 여지를 두긴 하였다. 중간대상은 이론적으로 여전히 환상의 영역이며, '나'도 아니고 '나 아닌 것'도 아닌 무의식적인 합의의 영역이다.

중간대상은 아이가 부모나 자신의 내적인 이미지로서 따뜻하고 친밀한 대상으로 담아두기도 하지만 때로는 그 중간대상을 아이가 물거나 때릴 수도 있게 사용하기도 한다. 그러나 그렇다고 해서 대상의 연속성을 깨뜨리는 것은 유아의 연속적인 경험과 그 대상이 유아에게 미치는 영향과 가치를 파괴하는 것이다. 유아에게는 일관성 있는 돌봄 환경을 제공해 주며 자신으로 '존재(Being)하는' 부모의 돌봄과 관심이 필요하다. 유아는 그때 부모로부터 순조롭게 분리되어 나올 수 있으며 대상을 사용할 수 있게 된다. 대상 제공은 유아가 관심의 능력을 발달시키려 할 때 기회를 제공하는 것을 포함한다.

4) 반영하기(Mirroring)

엄마의 반영하는 거울에 대한 생각은 위니캇의 독창적인 생각이었다. 초기에 엄마는 아기를 마음속에 온전한 인간으로서 보기 때문에 아기는 엄마의 반응을 통해 거울로 자신을 보듯 자기 자신을 본다는 것이다. 반영하기는 엄마가 아이에게 맞추어 반응하는 것이기 때문에 의사소통의 의미를 가진다. 아이와 부모가 서로 반응하는 것은 중요하며, 이때 느낌과 태도의 의사소통을 하게 된다. 이렇게 아이를 반영해 주는 것은 아이의 창조성의 근원이 된다고 한다.

위니캇은 아기가 엄마를 바라볼 때 아기는 엄마를 통해 자기 자신을 본다고 하였다. 그런데 자신의 아기와 동일시된 엄마는 아기를 볼 때 자신의 기분을 반영하거나 더 나쁘게는 자신의 방어체계들의 경직된 것을 반영한다. 예를 들어 평소에 친절하게 반영하지 않는 엄마라도 아이가 아플 때는 더 많이 반영해 줄 수 있다. 또한 자신의 기분대로 아이를 대하는 엄마의 아이는 그날의 날씨를 예측하듯 엄마의 기분과 반영에 빠르게 순응하고 대처하게 될 것이다.

그렇다면 엄마의 반영이 없다는 것은 어떤 의미일까? 아이가 자신의 욕구나 충동을 몸짓이나 음성으로 표현하였으나 엄마가 반영을 해 주지 못하면, 아이는 환경이 자신을 침범했다는 생각을 하고 방어하게 된다. 부모의 반영이 빈약해 자신의 전능성이 깨어지게 되면 엄마가 아이의 거울이 되어 주지 못하므로, 아이 자신이 엄마의 거울이 되어 엄마에게 자기를 맞추어 가는 거짓자기를 형성하게 된다. 이런 거짓자기를 발달시킨 아이들의 특징은 순응에 적응이 된다는 것이다. 그러나 순응과 순종은 다르다.

이처럼 아이를 일관성 있게 반영해 주지 못하면 이 거울은 그냥 볼 뿐 내면을 들여다보지 못하고, 자신의 아름다움을 보는 거울이 아니라 엄마의 거울이 자기 안에 있어 엄마의 눈으로 자신을 바라보며 엄마와의 친밀성을 끊임없이 확인하고자 한다. 즉. 엄마나 가족의 반응을 통해 유아는 자기 자신을 보게 되는데 엄마가 제대로 반영해 주지 못할 경우 유아는 다른 감각을 통해 반영을 받으려 하거나 자신을 보지 못하고 엄마를 보게 되어 자라면서 자기의 느낌을 갖지 못하고 엄마의 시각에 의해 움직이게 되는 것이다.

가정의 주 양육자인 엄마, 아빠가 가족 구성원들에게 자신이 어떤 거울이었는지 생각해 보는 것은 자신과 가족 모두에게 유용한 시간이 될 것이다. 백설 공주에 나오는 왕비의 거울은 자신의 거울에 반영된 인물을 아름다움으로 평가하는 역할을 하는 거울이었다. 부모들에게 자신과 관계 맺고 있는 자녀(대상)에게 무엇을 반영하고 있는지 생각해 보게 하는 위니캇의 도전이다.

5) 살아남기(Surviving)

아이들이 가장 좋아하는 놀이 중에 하나인 까꿍 놀이는 어른들에게는 유치하기 짝이 없는 놀이일지 몰라도 아이들에게는 부모가 없어졌다가 나타나는 마술과도 같은 경험이며, 행복한 경험이다. 즐겨 부모를 없애기도 하고 다시 살리기도 하는 이런 놀이는 아이가 대상영속성을 획득했다는 자연스러운 발달을 보여 주는 중요한 근거가 된다. 더 나아가 아이가 독립적인 사람으로 성장해 가는 과정 중에 중요한 발달 과업은 대상항상성을 획득했는가의 여부이다.

위니캇은 시간과 공간 안에서 항구적인 것을 생각할 수 있는 능력은 사람이 살아나가는데 있어 실용적 필연성이 있다고 하였으며, 심리적 과정을 다음과 같이 묘사하고 있다. 대상은 욕구가 일어날 때 존재하며, 접근할 때 다가오고, 상처를 입힐 때 상처를 받는다. 그러다가 그것은 부족함이 없을 때 사라진다. 하지만 외적 현실은 제약이 있기 때문에 진짜로 좌절할 수밖에 없는 상황이 발생하게 된다.

아이가 자신의 에너지를 집중해서 대상(엄마)에게 보내며, 엄마를 통해 완전함을 경험한다. 그러나 시간이 흐르면서 좋은 엄마가 나쁜 엄마이기도 한 일련의 통합되지 않은 욕구나 갈등 등에 대한 감각이 생긴다. 이때 위니캇이 말한 '대상관계에서 대상사용으로의 변화'가 일어나는 발달이 있게 된다. 즉 순서에 있어 먼저 대상관계가 있고 그 후에 대상사용이 있다. 그리고 이러한 성취를 이루어 내는 것과 관련하여, 공격성과 파괴성의 뿌리를 보게 된 위니캇은 대상은 파괴에서 살아남음으로써 항구적 성질을 가진다고 하였다.

대상이 주체에 의한 파괴를 견디고 살아남아야 하는데 이때 살아남는다는 것은 보복하지 않는다는 것을 뜻한다. 대상은 살아남음으로써 이제 대상 안에서의 삶을 시작하게 된다. 하지만 이때 대상은 대상관계에 관한 무의식적 상상 안에서 계속되는 파괴를 수용하는 대가를 지불해야 한다.

아이: 안녕, 대상! 내가 너를 파괴했어.

엄마: 난 널 사랑해.

아이: 네가 내 파괴에서 살아남았기 때문에 너는 내게 가치가 있는 거야.

항구성을 획득한 첫 대상인 엄마(주 양육자)는 에너지를 집중하는 첫 대상이며, 아기의 흥분된 공격을 받아들인다. 이러한 대상이 사랑을 받기도 공격을 받기도 하며 독립된 존재로, 항구적인 존재로 느껴지게 된다. 이렇게 나와는 다른 존재로 느껴진 대상을 사용할 수 있게 된다. 여기서 항구성과 관련된 파괴에 관한 것은 유아가 눈을 감았을 때 자신의 환상 속에서 세상을 파괴하지만 다시 눈을 떴을 때 세상이 크게 변하지 않고 살아남아 있어 항구성을 얻게 된다는 것이다. 인간관계와 관련해서는 동일한 사람이 사랑을 받을 수도 미움을 받을 수도 있다는 것을 의미한다. 그 사람을 나름대로 분리해 인정하는 것으로 이는 항구적으로 존재함을 느낄 수 있기 때문이며 이제 대상으로 사용할 수 있는 것이다. 엄마가 파괴당하지 않고 유아의 밖에서 변하지 않고 살아남는다는 것의 중요한 의미는 보복하지 않는다는 것이다. 이러한 파괴 후 아이는 건강한 죄책감을 발달시키게 된다.

6) 놀이하기(Playing)

부모 자신이 살아 있다고 느끼는 때는 언제인가? 아이들이 노는 것은 당연하게 여겨지지만, 놀 수 있는 아이는 많은 가능성을 가진 아이이다. 놀이하면 떠오르는 것이 무엇이 있는가? 아이들은 놀이를 왜 하는가? 부모들은 아이가 정말 너무 시시하고 의미 없이 노는 모습에 책을 꺼내준다든지 다른 놀이로 유도하며 아이의 놀이에 침범하는 경우가 많다.

위니캇은 아이들이 열중하는 놀이하기를 중간 현상의 확장으로 보았으며, 놀이는 또한 개인적인 자기(Self)와 환경 사이의 잠재적인 공간에 속하는 것으로 생각하였다. 놀이하기의 특성으로는 우선 몰입을 들 수 있다. 열중하는 아이에게 그 놀이의 내용은 문제가 되지 않는다. 중요한 것은 거기에 몰입할 수 있다는 것이다. 공감의 능력도 이와 비슷하다. 공감이 어려운가? 공감은 그 내용보다 상대의 감정에 몰입하는 능력에 더 가깝다고 볼 수 있다.

아이는 놀이하기를 통해 자신이 조작한 현상을 만들고 그러한 중간 현상의 놀이를 통해 공동의 놀이하기로 나아간다. 놀이하기는 환경에 대한 신뢰를 의미하며, 누군가와 함께 있으면서도 혼자 있을 수 있다는 것을 의미한다. 또한 놀이하기는 물건을 조작하기 때문에 몸을 사용하며, 어떤 놀이를 하면서 느끼는 강렬한 흥분은 몸의 흥분과도 관련이 있다. 이처럼 놀이하기는 본질적으로 만족스러운 것이다. 놀이하기는 예측할 수 없다. 아이의 마음속에 있는 주관적인 것과 객관적으로 인식되는 것 사이의 상호작용이기 때문이다. 놀이는 아이들을 친해지게 한다. 아이들은 이를 통해 친구를 만들기도 하고 적을 만들기도 한다.

피아제(Piaget)는 상징 놀이를 통해 모방이 일어나는데 그것은 오직 꿈속에서 일어난다고 보았고, 위니캇은 놀이 그 자체가 '인간의 경험적 존재 전반'에 대해서 기초가 된다고 보았다. 놀이는 잠재적 공간으로, 이 공간은 아이의 전능환상이 지속적으로 관찰되는 폭 넓은 영역이다. 놀이를 통해 아이는 신이 되어 볼 수 있다. 인간이 독립해 나가는 과정 가운데 중요한 것은 전능경험의 지속이 아니라 창조할 수 있는 능력이 지속되는 것이다. 신이 되었던 아이는 놀이를 통해 전능성을 경험하고, 그런 경험 이후 겸손해지지 않을까?

창조성에서 또한 중요한 개념은 자발성을 포함하고 있다는 것이다. 위니캇은 놀이하기를 경험이라고 했고, 만족스러운 경험을 놀이하기라고 했다. 잠재적 공간은 아이에게 만족스러운 모든 경험의 영역이며, 살아 있다고 느끼게 된다. 살아 있다고 느끼는 때는 언제인가? 내가 살아 있음을 느끼고 아는 사람이 되기 위해 일상의 경험이 중요하다. 그림 감상, 음악

감상, 농담 주고받기, 축구 경기 관람, 특별한 날에 옷 차려 입기 같은 것들을 통해 자신의 창조성을 발휘하며 생생하게 느낄 수 있다.

삶을 살 만한 가치가 있다고 느끼는 것은 창조적인 통각으로 그 반대말은 순응을 통해 관계를 맺는 삶이라고 위니캇은 말한다. 위니캇이 안타깝게 여긴 것은 대부분의 사람들이 자신의 삶을 비창조적으로 살고 있다는 것을 겨우 인식할 만큼의 창조적인 삶을 경험하고 있다는 점이다. 놀이 공간은 의미 있는 의사소통이 일어나는 곳이며, 사랑의 관계를 경험하는 가운데 긴장을 풀고 풍부함과 편안함이 제공되는 공간이다.

심지어 위니캇은 환자의 놀이영역과 치료자의 놀이영역이 만나는 곳에서 심리 치료가 이루어진다고 보았다. 심리치료는 환자로 하여금 놀이를 할 수 있도록 하기 위해 무엇인가를 한다는 것이다. 또한 어린아이가 혼자서도 놀 수 있고, 다른 아이들과 함께 놀이를 할 수 있다면 문제가 되는 증상들이 있더라도 크게 문제가 되지 않는다고까지 하였다. 부모와 가족들은 곁에 있어 주고 반영해 줌으로 아이가 안심하고 놀이하기에 몰입할 수 있도록 신뢰적인 환경이 되어 줄 수 있다.

이와 같은 위니캇의 긍정적이고 창조적인 인간에 대한 통찰은 우리에게 인류의 유사 이래 행해져 온 모성적 돌봄에 대한 중요한 깨달음을 제공해 준다. 유아의 생애 초기적 경험은 이후에 드리우는 삶의 그림자에 자신은 물론 대상과의 관계까지도 좌우하기 때문에 이 시기의 중요성은 아무리 강조해도 지나치지 않는다. 이때 맺게 되는 주 양육자와의 관계가 우리 안에 내재되어 있어 지금의 현실까지 영향을 미치고 있지만 그것을 제대로 인지하고 감정과 정서를 다스릴 수 있는 사람은 많지 않다. 따라서 이러한 대상과의 관계를 알고 자신의 행동을 돌아본다면 자신은 물론 타인,

가족을 이해하는 큰 틀을 제공해 줄 것이다.

부모의 모성적 돌봄은 현대 사회에 여러 매체들 사이에서 떠돌아다니는 단순한 기술적 돌봄의 문제가 아니다. 위니캇이 말한 충분히 좋은 부모는 완벽한 부모가 아닌 이만하면 좋은 부모라는 사실은 우리에게 큰 위로가 된다. 완벽한 환경을 제공하지 못해 죄책감을 느끼는 부모에게 안도할 수 있도록 위로를 주고, 이만하면 좋은 부모로서 자녀를 위해 대상으로 관계 맺기를 원하는 마음을 불러일으키기에 더욱 소중하다고 하겠다. 그렇다면 아이의 실패를 우리는 어떻게 보아야 할까?

3. 최적의 좌절

대상관계에서 대상사용으로 변화는 '나는 ○○이다'의 감각이 반복되며, '나 아닌 것'을 감각하게 된다. 유아가 대상을 자신의 통제 외부에 두게 되는 일이 일어난다. 유아가 절대적 의존에서 상대적 의존으로 가는 과정은 물론 시간이 흐르면서 아동기를 지나 성인기 노년기에 이르기까지 성숙의 과정으로 계속 강화된다. 유아기나 초기 아동기 경험이 이미 형성되어 자기를 조직하고 사춘기에 도달하기 때문에 위니캇은 이미 자아 조직은 헌 부대라고 비유하였다 헌 부대에 새 술을 담아도 소용이 없다는 의미를 인용한 것이다. 아동 초기 경험은 무의식적인 것이 많고 아직 알지 못한 생각들이 남아 있다. 볼라스는 이것을 '사고되지 않은 앎(unthought known)'이라 불렀다.

유아의 성격이 왜곡되지 않고 참 자기를 실현할 수 있도록 자기가 발달하기 위해서는 부모의 적절한 반응으로 유아의 욕구에 반응해 주어야 하는 건 당연하다 하지만 점점 적응에 실패하는 경험이 생기게 되며, 점차 실패도 할 수 있어야 한다. 성숙은 '나 아닌' 세계를 수용하며 그 세계와의 관계를 포함하게 된다.

부모가 제공하는 울타리의 왜곡은 유아의 성숙과정에서의 왜곡을 초래한다. 울타리의 왜곡은 그것이 너무 약해 부서질 수 있거나 자신이 필요로 할 때 없다는 의미로 생각해 볼 수 있을 것이다. 왜곡은 형태를 없애 버리기 때문에 어떤 내용도 담기지 못한다. 아이 성장에 내용을 주고, 자율성에 통제를 제공하기 위해서 아이에게는 단단한 울타리가 필요하다. 위니캇은 그러한 울타리가 무너져 버리면 반사회적인 청소년들이 증가한다고 보았다. 특히 가장 초기 단계의 박탈은 반사회적 경향성과 관계가 있다고 보았다. 깨어진 울타리만큼이나 외부의 침범은 울타리의 공간을 축소시키고 그 내용을 고갈시킨다. 그래서 민주적인 사회가 유지되기 위해서는 이만하면 괜찮은, 충분히 좋은 부모가 필요하다고 본 위니캇은 다른 사람을 통제하려는 욕망은 자유를 느끼지 못하는 개인들에게서 나오는 것이라고 보았다.

유아가 자신의 울타리 안에서 잠재적인 공간을 사용하기 위해서는 성장하는 동안 자연스럽게 제공되는 동일한 공간이 필요하다. 특히 유아가 부모를 신뢰하게 되는 몇 달 동안 안아주는 울타리가 제공하는 공간을 의미한다. 유아는 관계의 한 부분이며 자녀를 성장시키기 위한 필수 조건은 촉진적 환경과 모성적 돌봄이다. 그리고 더하여 최적의 좌절 경험도 필요하다. 한 개인이 타고난 잠재력은 적절한 환경에 의해 실현될 수 있다. 적절한 반응을 받지 못한 유아는 심리적으로 침범을 경험하게 된다. 그러나 아이에게 적절한 환경이 다시 제공된다면 좋은 대상을 다시 발견할 수 있게 되며 부모는 울타리 안에서 마음대로 하고 싶은 것을 허용하도록 하는 것이 좋다.

청소년기는 자신이 누구인가와 무엇인가라는 질문에 대한 답을 찾는 시기이다 이 질문에 대한 답을 찾으려는 수많은 청소년들을 볼 수 있으며, 그 대답을 찾았을 때 삶을 생생하게 느끼게 되고 이런 능력은 자기 발견 그 자체이다. 청소년기의 자기에 대한 불확실성은 유아기의 감각을 다시 불러일으키며, 청소년기에 정체성 문제에 대한 고민은 '행동화'로 나타나는 반항적인 특징을 갖는다.

그러나 미성숙은 청소년기에 있어 소중한 부분이다. 그 안에 가장 신나는 사고와 아이디어들이 담겨 있다. 사회는 책임을 지지 않는 청소년들에 의해 흔들려줄 필요가 있다는 위니캇의 말은 다시 말해 한 사회의 성인들이 책임지기를 회피한다면 청소년들이 흔들릴 기회를 갖지 못하고 조숙하게 거짓과정에 의해 성인이 된다는 것이다. 이러한 지적은 너무 빠르게 어른들의 틀에 맞춰 지도록 교육받는 한국 사회의 청소년에 대해 많은 생각을 갖게 한다. 미성숙을 위한 치료는 시간의 흐름이 동반되어야 한다.

여기서 주의해야 할 것은 부모들이 '너의 모든 것을 허용해'라고 위로하는 것은 도움이 되지 못한다. 이해가 아닌 마주하고 안아주는 부모가 필요한 것이다. 마주한다는 것은 자체의 힘을 가지고 담아주는 것이다. 부모는 자녀가 자신의 관점을 가질 수 있음을 주장할 때 수용하는 울타리가 되어준다는 것을 의미한다. '완벽함은 무의미하다'는 위니캇의 위로가 사춘기 자녀와 살고 있는 부모들에게 전달되길 바란다.

붕괴를 유발하지 않는 한에서 자녀들의 경계를 인정해 주는 울타리가 제공되어야 한다. 마치 아이들이 놀이터에서 넘어져 상처가 나고 심지어 친구들과 싸웠더라도 자고 일어나면 또다시 가고 싶은 공간인 놀이터처럼 안전한 심리적 공간 안에서 마음껏 좌절할 수 있도록 부모의 견디는 힘이 필요하다. 무언가를 하는 것(Doing)은 오히려 더 쉬울 수 있다. 실패, 좌절 시 겪게 되는 불편함, 속상함, 모호함을 견뎌주는 부모는 자녀와 최적의 좌절 경험을 함께 견디며 성숙을 향해 나갈 수 있을 것이다.

4. 제네라(genera)와 트라우마(trauma)

볼라스는 프로이트의 억압된 무의식의 이론을 보완하여 수용된 무의식으로 발전시켰다. 이 수용된 무의식의 개념은 창조적 개념인 심리적 제네라로 표현하였는데, 수용론은 의식의 침범적인 영향을 받지 않고 무의식의 발달을 허용하는 것을 목적으로 하는 반면, 억압은 의식에 대한 검열이나 박해적인 판단을 피하는 것을 목적으로 한다. 따라서 볼라스에게 있어서는 수용된 것은 억압된 것과 마찬가지이지만, 제네라의 경우 자기를 풍요롭게 하는 행동으로 본다. 제네라는 '정신분석이나 삶의 과정에서 창조적인 삶의 새로운 비전을 그리도록 하는 살아 있는 심리적 조직의 특정 유형'을 지칭한다.

제네라는 비전이나 희망적인 에너지로 이디엄의 성공적인 정교화를 통해 발전하는 반면, 트라우마는 자기 자신을 묶어 버리게 된다. 볼라스가 말한, 트라우마와 제네라의 이 두 가지 원칙은 위니캇의 이야기와 비슷하다. 충분히 좋은 엄마가 제네라를 용이하게 하는 반면, 그렇지 않은 엄마는 트라우마를 유발할 수 있다. 볼라스는 우리가 이디엄을 가지고 태어났다고 믿는다. 그 이디엄이 부모의 반영을 통해 정교해질 때, 우리는 희망적이고 창조적인 비전을 가질 수 있고, 그것은 심리적 표현의 자유와 대상선택의 자유를 통해 우리의 이디엄을 표현할 수 있게 한다. 이 인생 경험은 심리적 제네라를 통해 이디엄의 정교화를 기대하면서 외부 대상과의 접촉을 통해 연결을 촉진하고, 상징적 정교화를 돕는다. 반면 트라우마는 더 이상의 고통을 줄이기 위해 외부 대상과의 접촉을 차단하면서 고립된 채로 상징적인 반복을 하게 된다.

제네라는 고통이 없는 것을 의미하는 것이 아니다. 창의성과 잠재력뿐만 아니라 위험으로 가득한 삶을 말한다. 대조적으로 트라우마는 외부 대상에 의해 자극되는 흥분되는 자기를 제거하려는 노력이다. 충분히 좋은 엄마가 없다면 외부의 충격은 아기에게 정신적 충격을 가져다줄 것이다. 외적 충격 외에도 유아의 내적 욕망의 만족도 역시 초창기의 중요한 사안이다. 내면으로부터의 욕구가 주 양육자(예: 아기에게 먹이를 주고 기저귀를 갈아주는 것)에 의해 충족되지 않는다면, 유아는 진정한 자기의 소멸에 대한 공포를 갖기 시작한다. '나'와 '나 아닌 것'의 뚜렷한 구별이 없기 때문에, 엄마는 유아의 대상으로서 인식되지 않는다. 따라서 엄마가 유아의 필요에 적응하지 못하는 것은 단순히 부모의 실패가 아니라, 아기 자신의 실패가 된다. 그러므로 엄마의 부재는 환상과 자기 자신의 소멸을 초래할 수 있다. 이 참자기의 소멸을 막기 위해 유아는 거짓자기를 발현시킨다.

제네라(충분히 좋은 엄마의 보살핌에서 비롯됨)와 트라우마(충분히 좋은 엄마의 실패에서 비롯됨)는 무의식의 영역에 속하는데, 이는 모두 생애 초기 부모환경에 절대적으로 의존할 수밖에 없는 시기의 변형적 대상과 관계의 결과이다. 트라우마는 무의식에서 억압되고, 한 사람의 삶 전반에 걸쳐 억누를 수 없을 정도로 다시 귀환한다. 여기서 볼라스는 억압론을 보완하기 위해 수용론을 추가하여 프로이트의 억압개념을 발전시킨 것이다. 볼라스는 변형적 대상이 유아의 이디엄을 정교하게 발전하도록 도울 때 참자기가 정교해진다고 보았다. 대조적으로 변형적 대상의 논리가 이디엄의 정교화를 막았을 때 거짓자기가 나타난다. 이런 사고방식은 볼라스의 제네라와 트라우마라는 개념을 낳았다.

볼라스에게 있어, 자아의 형성은 내재된 이디엄의 정교화를 가능하게 하는 미학적 관계의 구성을 의미한다. 미학적 지능은 변형적 대상과 자아와의 관계에서 비롯되는데, 의식에서 논리적으로 구성되기 이전에 각자의 무의식 안에서 일어나는 수용 과정의 중요성을 강조한다. 그것은 알지 못하는 것, 불확실성을 견디는 능력이다. 볼라스는 이것을 '생성적인 혼돈에 대한 내적 감각'이라고 하였다. 주체는 이러한 혼돈이 새로운 개념을 발견해 나가는 데 필수적임을 알고 수용한다. 혼돈을 견딜 수 있는 능력이 제네라와 트라우마의 구별 지점이 되는 것이다.

출산의 경험은 엄마와 아기 사이에 제네라(수용받은 사람) 또는 트라우마(억압되거나 거절된 사람)의 경험을 제공한다. 그러나 제네라와 트라우마 둘 다 의식화되지 않는다. 제네라나 트라우마의 내용이 아니라 삶에 그림자를 남기는 것이기 때문이다. 제네라는 수용의 논리(logic of reception)를 낳고, 트라우마는 거절의 논리(logic of rejection)를 낳는다. 이 개념은 진화하는 자기를 이해하는 데 중요한 역할을 한다. 볼라스에게 삶은 우리의 개인적 이디엄과 실제 세계의 만남과 관련이 있으며, 각각의 인간은 자기의 핵심을 구성하는 초능력적인 독특한 이디엄을 가지고 태어난다고 믿는다. 자녀의 생애 첫해는 부모의 미학적 돌봄에 의해 '부모의 아이'가 되는 초기 경험을 하게 되고, 유아가 사물을 이해하는 방식을 구성해 간다.

삶의 즐거움은 대상을 만남으로써 영양분을 섭취하는 것이다. 이 시기의 부모라는 대상은 중요한 환경이 되는데, 부모가 자신만의 돌봄의 미학을 통해 유아의 욕구를 만족시켜 준 과정은 유아에게 자신의 내적, 외적 현실이 변형되는 것을 경험하는 유아의 존재가 변형되는 경험으로 이러한 돌봄의 경험을 통해 유아는 존재의 연속성을 갖게 되는 것이다.

위니캇의 참자기로 사는 삶은 자발성과 장난스러움으로 가득한 삶을 말한다. 반대로 거짓자기는 순응과 충격으로 가득한 삶을 말한다. 볼라스는 참자기과 거짓자기를 구성하는데 있어서 어머니가 변형적 대상으로서 아기에게 자신의 과정적 논리(processional logic)를 가르친다고 한다. 그리고 이것은 이어 유아의 존재와 관계에 대한 방식이 되는데, 이 과정을 통해 유아는 유전에 의해 결정되는 기질과 어머니의 보살핌 방식을 바꾸고 타협할 것이다. 트라우마와 제네라는 유아와 유아의 양육 경험에서 비롯되며, 언어화되기 이전에 경험된 변형적 대상은 한 사람의 삶에서 그 사람의 존재에 일종의 그림자를 드리우게 되어 어떤 대상추구를 형성하게 된다고 보았다. 우리가 성인이 되어 대상을 추구할 때 초기 대상관계를 추구하게 되는데, 그 경험은 인식의 방법으로 표현될 수는 없더라도, 기억은 삶에 실재적으로 내재되어 있기 때문이다.

3부

부모교육 및 상담의 적용

A Woman with a child Afraid a Dog, by Rembrandt

1장

가족관계 시스템의 이해

1. 가족이라는 정원 가꾸기

사람의 삶을 구성하는 영역은 크게 직업, 건강, 재무와 시간, 소통, 영성으로 나누어 볼 수 있겠다. 그중 인생의 어느 기간에서도 심리적으로 건강한 삶을 영위하기 위해서는 소통의 영역이 매우 중요하다. 소통의 영역은 자기(self)와의 소통, 부부와 가족들 간의 소통, 자신이 속해 있는 지역사회나 공동체와의 소통, 환경과의 소통 등을 생각해 볼 수 있다. 죠지 버나드 쇼는 "가정은 조금 더 일찍 만나는 천국"이라고 했지만 현실에서 그런 가정을 경험하는 사람은 과연 얼마나 될까 의문이 들기도 한다.

가족 상담자들은 가족을 한 단위(emotional unit)로 보고 가족들 사이의 상호작용의 강도나 의사소통을 향상 시키는 작업을 해 오고 있다. 보웬(Bowen)은 '인간 행동의 시스템 관점(1973)'이란 글에서 "시스템 사고가 마법 같은 답을 제공하지는 않지만, 인간 문제를 개념화하는 다른 방법을 제공하고, 인간의 딜레마에서 기본 패턴을 변경하는 어려움에 대한 보다 현실적인 평가를 제공하며, 기존의 관습적 사고의 함정 중 일부를 피할 수 있는 방법을 생각하도록 제안하고, 장기적인 목표를 향한 진전을 유도할 것"이라고 하였다. 즉, 감정적으로 정리(결정)되지 않은 상태에서 해결책을 찾는 데 대한 어려움, 단순히 현상을 유지하려 감정적으로 해결책을 결정하려는 경향들이 문제를 강화할 수 있다는 것에 대해 설명하고자 하였다.

조금 더 체계적 사고로 보면, 가족은 감정적으로 정서가 강하게 연결되어 있어서(연쇄반응 패턴), 가족 구성원(통신센터의 역할)의 생각과 행동에 영향을 미친다. 가족원의 불안은 가족 내 긴장을 높여, 약한 가족이 시스템에서 오는 불안을 흡수하여 우울증과 같은 문제에 취약하게 될 수 있다. 사람들이 느끼는(생각하거나 말하는) 것은 객관적 사실이지만, 개인이 느끼는(생각하거나 말하는) 것은 반드시 사실이 아닐 수 있다. 시스템적 사고는 한 사람을 대할 때 주관성을 개념화하기 어려워 인과론적 사고를 넘어 인간 현상에 대한 시스템 관점으로 접근하고자 하였다.

우리의 일상생활이 지구의 자연환경과 밀접하게 연관되어 있듯이 가족 역시 어느 한 부분이 다른 부분에게 영향을 미쳐 서로 그 영향을 주고받으며, 외부 환경으로부터도 영향을 받는 하나의 체계로 작동하고 있다. 가족이라는 체계는 대부분 성인 남녀가 만나 부부라는 하나의 체계를 형성하는 것으로 시작되어 자녀를 양육하게 될 때 부모 자녀 체계가 하위 체계로 또 생겨나게 된다. 이때 부부로 만난 성인 남녀가 그 가족의 정서적 핵심을 이루게 되기에 자녀에게는 보호자인 부모의 정서가 자녀의 정서에 매우 큰 영향을 미친다. 부모의 정서 상태는 자녀들이 느끼는 심리적 날씨가 되기 때문이다. 그래서 가족 치료는 가족 전체를 치료하는 것이 아니라 가족 구성원들 사이의 상호작용을 치료하는 것이다.

가족을 정원에 비유해 보면, 정원을 가꾸는 일은 본질적으로 "돌보는 행위”가 중요하다. 땅을 파고 씨앗을 뿌리는 행위는 가족들 간의 서로의 차이를 수용하고 이해하는 것이며, 심은 씨앗이 뿌리를 내리기 위해서는 각 구성원들의 역할이 어느 정도는 잘 기능해야 한다. 자녀가 태어나게 되면 인간은 다른 어떤 종(種)보다 가장 긴 시간을 주 양육자의 돌봄을 필요로 한다. 이것은 우리 사회에 얼마나 긴 환대와 동정의 시간이 필요한지를 가장 잘 보여 주는 것이라고 허버트 앤더슨(Herbert Anderson)은 이야기한다.

부모는 이러한 긴 양육과정에서 오는 자녀의 발달에 깊이 관여하게 되는데, 부모가 자녀에게 적절한 환경을 제공하지 못하면 자녀의 발달은 방해받게 되고 지체된다. 발달이 불완전해지기 때문에 애착에 대한 욕구가 높아 독립적인 성장이 어려워지며, 자신의 책임을 다하기보다는 다른 사람들의 욕구에 민감하게 성장한다. 이러한 불완전한 발달 속에서 뿌리가 내려지면 미래의 다양한 관계에서도 비슷하게 재연되며 동일한 패턴을 반복하게 될 확률이 높아진다. 주 양육자와 아이가 불완전한 분리를 이루게 되면 아이는 자기다움이라는 꽃을 피워 독립된 자기를 발현시키기 어렵다.

가족들이 서로에게 반응하는 민감성이나 융합 정도에 따라 핵가족의 기능 수준이 결정되기에 자녀들이 분화도를 높여 가며 성숙하도록 도와야 한다. 다니엘 파페로(Daniel V. Papero)는 “핵가족은 수많은 이전 세대 핵가족들의 종착점이고, 또한 미래의 다른 세대로 이어지는 길목에서 자녀를 출생하는 정거장이다”라고 하였다. 핵가족의 기능은 이어 다음 세대와 정서적으로 연결되어 전수된다. 꽃을 피우고, 열매를 맺고 난 뒤 소멸되는 다세대 집합체로 반복, 재구성되는 단위로서의 가족은 보웬의 다세대 가족치료 이론의 관점이기도 하다.

2. 다름을 수용하기

　가족 내 서로의 다름을 수용하는 정도는 가족마다 매우 다르다. 특히 차이에 대한 불안을 다루는 방식이 다른데 불안이 높을수록 '다르다'는 '틀리다'로 해석된다. 우리는 차이에 대한 불안을 가족 안에서 어떻게 다루고 있을까? 부부 관계에서 배우자와의 차이를 발견하게 될 때, 자신이 기대했던 관계가 좌절될 때, 우리는 불안해지고 그 원인을 배우자의 문제로 돌리게 되는데 자기보호 차원에서는 일반적인 반응이다. 서로의 차이가 발견되어 불안해지면 상대방에게 변화에 대한 요구를 하게 되고, 동일함을 갈구하게 된다. 하지만 차이에 대해 자신의 정서를 자유롭게 표현하지 못하고 서로 다름을 숨기지 않고 이야기하지도 못한다면, 문제 해결력도 떨어지게 되고, 불화가 길어져 자신에 대해 평가하는 개념인 자존감도 낮아지게 된다.

버지니아 사티어(Virginia Satir)는 "자존감과 효과적인 의사소통 능력은 비례한다"고 하였다. 건강하고 기능적인 가족은 가족 내 서로의 차이를 인정한다. 그러나 대체로 우리는 서로의 차이가 드러나 불안해지면, 변화를 요구하고 동일함을 갈구하며 가족 내에서 구성원 각자가 다음과 같은 역할을 하게 된다.

1) 순종자

순종자는 일치감만을 가장 이상적인 것으로 여긴다. 이들은 진정한 차이는 없는 것처럼 동일함을 요구한다. 간혹 아내가 자기주장을 하거나 아프다는 것으로 독립의 욕구를 드러내는 시도를 하지만 대체로 무의식적으로는 불안에 대처하기 위해 순종한다. 그런데 이때 순종자는 상대방에게 죄책감을 느끼게 하는 재주를 가지고 있고, 보통은 그것을 어떻게 사용해야 하는지 잘 알고 있다. 예를 들어 성관계를 피하려는 아내의 핑계는 남편을 조정하려는 욕구를 드러내는 것이다. 순종자는 어떤 희생을 치르더라도 평화로워 보여야 한다. 따라서 가족 내 어떤 갈등이 존재한다는 것을 자기 스스로에게도 부인하는 결과를 가져온다. 불안에 대처하기 위한 이러한 전략은 서로에 대해 진정으로 알 기회를 상실하게 된다.

순종자가 친밀감 결여를 해결하는 방법 중 하나는 혼인 관계 이외의 어떤 것에 몰입한다는 것이다. 학교 학부모 모임이나 종교 활동, 자신의 부모나 자녀, 취미나 직업 등에 몰두한다. 특히 자녀와의 융합은 부부 서로 간의 친밀감과 소원함에 대한 욕구를 해결하지 않아도 되기 때문에 가장 흔하게 사용되는 역기능적인 관계 패턴이다.

때로는 남편이 순종적인 태도로 아내와 살고 있지만, 사실 마음은 가정에 없을 수도 있다. 순종자는 상대방을 위해 자신을 희생한다는 스토리 라인을 가지고 있어서, "당신이 원하는 대로 했잖아, 그러니까 더 이상 요구하지 마"라며 말하는 막대한 힘을 잘 사용하기 때문에 순종자가 반드시 권력이 없다고 생각해서는 안 된다. 다만 순종자들은 육체적으로나 정신적인 질병에 쉽게 노출된다. 외형적으로는 순종하며 따르지만 내적으로는 분노를 가지고 살아가기 때문이다.

2) 반항자

반항자는 비록 자신의 소원이 독립을 원하는 것으로 보이는 행동을 할지라도 진정한 독립을 두려워하고 있기 때문에 마음을 열지 않고 반항적인 행동을 한다. 자신의 방식대로 했을 뿐이라는 반항자들에게 있어 독립은 다른 사람들이 원하는 것에 반대하는 것을 의미한다. 종종 반항자는 형제 서열상 둘째인 경우가 많다. 첫째와 다르다는 점을 강조하고 자신들의 권리를 옹호하기 위한 생존 전략일 수 있기 때문이다.

반항자는 상대방의 요구와 다르게 행동하는데 에너지를 쓰느라 정작 자신이 무엇을 원하는지에 대한 탐색이나 목표 설정을 놓치는 우를 범할 수 있다. 다른 사람에게 반항하느라 자기 자신을 상실하고 만다. 불안이

가족 안에 퍼지게 되면 가족들의 일치감이 다른 어떤 때보다 두드러지게 되는데, 체계로서 가족 내에서 자신의 행동이 미치는 상호적인 영향을 분명히 이해할 수 있다면 보다 건강하게 객관성을 유지할 수 있을 것이다.

3) 비난자

비난자는 다른 모든 일뿐만 아니라 불안해하는 다른 사람들을 비난하면서 차이에 대한 불안을 해결한다. 그들은 자신이 원하는 것을 알고 있고, 그것을 얻지 못했을 때 불안해한다. 가족 안에서 자신이 왕이라 생각하기 때문에 왕처럼 행동한다.

비난자는 대부분 다른 사람들이 실패의 원인이며 문제라고 생각한다. 따라서 모든 수단을 동원하여 공공연히 다른 사람을 개조시키려고 한다. 비난자가 있는 부부관계는 우위를 점하거나 최소 동등해지려 싸움이 계속 이어진다. 서로 에너지를 다 쏟은 후에야 싸움은 끝이 나는데 항복한 사람은 굴욕감을 느낀다. 서로의 차이를 수용할 수 없다면 타협은 어려워진다.

비난자는 자신이 변하기 전에 다른 가족원이 먼저 변해야 한다고 여기며 권력 투쟁을 지속한다. 서로 공모하는 부정적인 패턴으로 관계 맺고 있음을 보지 못하고 상대방 탓만 하며, 상대방을 변화시키려 하기 때문에 좌절과 분노의 경험을 하게 된다. 심지어는 비난자는 배우자가 자기를 더 기분 좋게 해 줄 수 있는 사람이어야 한다고 생각한다. 비난자의 근본적인 문제는 낮은 자존감이다.

4) 의절자

의절자는 다시는 보고 싶지 않다며 자신의 요구를 관철시키는 방편으로 가족과 의절하고 집을 떠나는 경우이다. 가족 내 차이가 발생해 불안이 올라오면 정서적으로만 아니라 실제 물리적으로 거리를 둔다. 때로는 같은 집에 동거하더라도 서로 투명 인간 취급을 하며 멀리 거리를 두기도 한다. 가족 내에서 무력감을 느끼는 경우 의절하기도 하는데, 권력이 다른 가족원에게 있고, 그 권력을 가진 대상과 어떤 식으로든 친밀한 관계를 맺을 수 없거나 맺을 마음이 없는 경우이다. 매우 독립적이라 여겨지지만 정서적으로 자신을 보호하기 위해 독립심으로 무장하고 거리를 유지하는 것이다. 때로는 자신이 무엇을 해야 할지 모를 때 거리를 두게 된다.

의절자들이 태어난 원가족을 떠나는 것은 매우 일반적인 형태로 자신에게 영향력을 행사하는 부모나 형제 같은 가족 구성원으로부터 자유로워지면 문제가 해결될 것이라 생각한다. 그러나 해결되지 않은 문제들은 이후 새로운 관계 속에서 지속적으로 나타난다. 의절자들은 차이에 대한 불안을 다루지 않는다면 타인과 가까워지기 어렵다.

3. 모빌과도 같은 가족

1) 분화수준의 정도 - 과대 기능자와 과소 기능자

모빌과도 같은 가족은 어느 한 구성원의 기능과 역할이 다른 구성원에게도 영향을 미친다. 과대 기능(over function)은 한 사람이 가족 내 다른 사람을 대신하여 기능하거나 그러한 기능에 대한 책임을 지려 할 때 발생한다. 과대 기능자는 과소 기능자의 생각이나 감정, 행동을 대신하려 한다. 그 결과 과대 기능자는 점점 더 책임감 있는 사람으로, 건강하고 성숙하며 능력 있는 사람으로 보이고, 과소 기능자(under function)는 그렇지 않은 사람으로 보이게 된다. 예를 들어 어떤 조직에서 과대 기능자가 많을수록 책임지는 문제에 혼란을 겪을 수 있다. 과대 기능과 과소 기능은 늘 함께 존재하며 사실은 서로는 유사하게 낮은 분화수준을 가지고 있다. 이 결합은 융합 관계를 형성하게 된다.

융합 관계의 부정적 결과로 과소 기능을 하는 사람이 가장 좋아하는 변명은 아프다는 것이다. 아픈 사람에게는 가족들이나 주변 사람들이 많은 기대를 하지 않는다. 반면 관심을 많이 받고 가족 내에 일어나는 일에는 상당히 관여하는 편이다. 전체 가족은 질병이 신체적인 것이든 정서적인 것이든 간에 아픈 사람을 위주로 재조직된다. 과소 기능하며 신체화하는 아내는 과거 드라마에서 주로 등장하던 캐릭터이기도 하다.

긍정적 결과로는 한 팀으로 작용하면서 그 역할이 유동적이고 고정되어 있지 않을 때이다. 과대 기능자에게 있어 핵심적인 문제는 책임을 나누는 것이 아니라 불안을 마주하고 다루는 것이다. 자신이 책임져야 할 것과 다른 사람이 책임져야 할 것을 구별하고, 자신의 몫이 아니면 내려놓을 필요가 있다. 다른 사람들이 본인의 기준에 맞지 않을 때 찾아올 수 있는 불안에 친숙해지는 법을 배워야 한다.

2) 친밀함의 정도 - 추적자와 도망자

인간을 생물학적으로 움직이게 하는 기본적인 원동력은 연합성(togetherness) 과 개별성(individuality)이다. 이것은 인간의 정서 체계나 집단에서 강력 하게 작용하는 생명력이다. 공동체의 일원이 되고 싶어 하면서도 자기 자 신으로 존재하기를 원하도록 만드는 이유가 바로 여기에 있다. 다른 사람 을 찾고, 승인을 구하고, 집착하게 하는 사람들을 가까이하는 본성인 공생 하는 힘(Toward people)과 자신의 신념을 가지고 다른 사람에 의해 질식 하지 않도록 독립하게 하는 분리하는 힘(Away from people)이 필요하다. 연합성이 N극과 S극이라면 개별성은 N극과 N극이다.

둘 사이의 균형이 잘 잡혀야 개성을 잃지 않고, 사랑하는 사람과 가까 워질 수 있다고 보았다. 청소년기에 '비밀이 생긴다는 것'은 개별성을 추구 하는 것이고, "너한테만 얘기했어"라는 것은 연합성의 욕구를 드러내는 것 이다. "부부 사이에 어떻게 비밀이 있을 수 있어? 있으면 안 돼!"라는 배우 자의 압력 때문에 비밀을 말하게 된다면, 자신의 개별성은 없어지게 되는 것으로 볼 수 있다. 때로는 비밀을 유지할 수도 있고, 유지하지 않을 수도 있는 것이 건강한 관계이다. 보웬은 가족을 정서 단위로 보고, 이 감정 덩 어리로부터 연합과 독립, 붙었다 떨어졌다를 잘해야 건강하다고 보았다.

자존감이 높은 사람들은 이 두 가지 요소들이 비교적 잘 균형을 이룬 다. 사람들은 이 두 가지 욕구를 가지고 모든 관계에서 항상 추적자 또는 도망자가 되며, 두 가지 역할을 다 소화해 낼 수도 있다. 두 사람의 행동 유형은 매우 다르게 보일지라도 그들은 일치감에 대한 동일한 기본 욕구 를 가지고 있다. 다만 상대방을 사랑할 때 내가 누구인지도 알아야 하는 것이다. "I love you so much, And I know who I am."

진정한 친밀감은 우리와 다른 어떤 사람과 열린 관계를 수용한다는 것이다. 끊임없이 친밀감에 대해 일치감을 요구하는 사람은 그들과 같지 않은 다른 사람을 수용하는데 어려움을 겪는다. 그들은 다른 사람들에게 열정과 사랑을 바치지만 종종 그것을 이용하려 하는 경향도 있다. 어린 시절에 양육과 보호를 박탈당한 자녀일수록, 성인이 되면 특별한 사람(특히 파트너)이 더 좋은 모든 것을 줄 것이라는 강한 환상에 빠진다. 그들은 자신이 원하는 것을 얻기 위해 사랑을 한다. 그러나 일치감에 대한 요구는 심한 분리에 대한 요구만큼 이나 관계를 위협할 수 있다.

추적자(persure)는 친밀한 관계 외에서는 별로 문제를 일으키지 않으며, 보살핌을 필요로 하고 버림받음에 대한 공포가 높은 편이다. 도망자(distancer)는 가까워지려 할 때 질식할 것 같은 곤란함을 느끼고, 융합에 대한 공포가 강한 편이다. 두 사람은 항상 일정한 거리를 유지하려는 각자의 필요에 따라 도망자는 살기 위해 열심히 도망가고, 추적자도 더 열심히 뒤쫓아 각자가 원하는 거리를 유지하려 한다. 이 긴장과 불안을 멈추려면 우선 추적자가 쫓아가는 것을 멈출 때 도망자가 더 이상 도망갈 필요를 느끼지 않게 된다. 서로가 안전하다고 느끼는 일정한 거리가 합의 될 수 있는 적절한 거리의 중간 지대에 대한 탐험이 필요하다. 서로를 알기 위해서는 싸우기도, 대화를 하기도 해야 한다. 하지만 싸움을 부정적인 것으로 여기고 회피만 하는 관계에서는 서로를 이해하기 어렵다. 때로는 좋은 관계가 될 수도 때로는 소외감을 느끼는 관계 경험도 필요할 것이다.

유사 독립성(pseudo-independent)은 친밀함에 대한 공포를 통제하려 소원함을 선택하거나 친밀함에 대한 강한 욕구는 있지만 그렇게 되는 것에 대한 두려움으로 거리를 두는 경우이다. 진정한 우정이란 상대를 다 안다는 인식이 아니라 알지 못함의 차원을 끊임없이 남겨 놓고 받아들이는 것이다.

3) 통제의 정도 - 명시적인 가족규칙과 암묵적인 가족규칙

가족 내에는 허용되는 것과 허용되지 않는 다양한 규칙들이 다세대로 내려오며 전수되고 있다. 말로 분명히 언어화되는 명시적인 규칙(No this… No that…)과 말하지 않아도 가족 모두 알고 있는 암묵적인 규칙(unspoken rules)이 있는데, 이런 규칙의 목적은 가족 내 관계 유형을 통제하는 것으로 모빌과 같은 가족관계에 영향을 미친다. 가족 내에서 세워진 규칙들은 "원래 그런 거예요", "모두 그렇지 않나요?"라며 당연시 되었던 규칙들로 가족 내 전수되어 온 약속들이다.

정서는 환경 안에서 자동적으로 우리를 지배하기 때문에 유전적 요인, 경험적 요인, 불안한 상황에서 우리가 어떻게 반응하는지를 모두 포함하며 그 기능 수준이 바로 행동을 결정하고 패턴화된다. 오랜 시간에 걸쳐 이루어진 행동들이기 때문이다. 가족은 대체로 성인 남녀가 가족 정서에 핵심이고 부모와 자녀로 구성되기 때문에 부모가 자녀의 정서적 핵심이 된다. 우리가 자신, 타인 그리고 세상을 이해하는 방법은 원가족 안에서 형성된 것이다. 명시적 규칙은 그래도 드러나 있어서 가족원들이 기억하고 순종하거나 반항할 수 있지만 암묵적 규칙은 아무도 이야기 하지 않아도 가족들이 모두 알고 지키는 규칙들이다. 우리가 갖게 되는 시각은 우리가 살아가는 동안 우리와 함께한다.

자녀들은 규칙을 어겼을 때 그들이 경험하는 불안에 의해 배우고, 또 다른 측면으로는 부모의 불안을 경험하면서 배우게 된다. 자녀들에게는 부모의 불안이 무엇인지 명확하지 않은 채 감내해야 하는 것으로 더 심리적인 어려움을 겪게 되는데 심지어 불안을 주는 대상이 부모라는 사실이다. 불안은 특정 공포보다 나쁘다. 왜냐하면 불안은 사람들을 상처받기 쉽고 무기력하게 만들기 때문이다. 예를 들어 불안을 통제하려는 부모는 두 살 아기가 따라오지 않을 때 이렇게 말한다. "좋아, 그럼 넌 여기 있어. 엄마는 간다" 대부분 단호하게 대응한다는 방식이지만 아이를 번쩍 안아 유모차에 태우기보다 이러한 유기에 대한 위협은 아이에게 불안을 일으켜 아기의 행동을 바로 따라오도록 변화시킬 만큼 강력하다. 불안은 시스템을 통해 관계적 긴장을 일으키고, 한 사람에게서 다른 사람에게로 옮겨가 증상을 나타낸다.

　어떤 점에서 우리는 물리적으로 가족을 떠날 수 있지만 정서적으로는 좀처럼 떠나지 못할 수도 있다. there&then의 경험이 here&now에 미치고 있기 때문에 우리는 원가족에서의 역동을 계속해서 반복하게 되기도 한다. 칼 융(Carl Gustave Jung)은 "가족이 어린아이의 인격을 심하게 짓밟을수록, 그 아이는 성인이 된 후 커다란 세상 속에서 어린 시절의 작은 세상을 다시 되돌아보게 된다"고 하였다.

4. 분화도 높이기

　사티어는 내 안에 여러 부분들이 있는데 내게 수용되지 못하고 적응 못한 부분이 내가 알지 못한 부분으로 남아 있다고 한다. 그런데 그 부분이 다른 부분들과 동일한 에너지를 가지고 있어 자기를 알기 위한 자신과의 대화가 필요하다. 아마도 융이 말한 그림자의 개념과도 유사할 것이다. 오히려 나를 반대하는 것이 진짜 나의 모습에 더 가까울 수도 있다. 한나 아렌트(Arendt)도 비판적 사유란 다름 아닌 '내가 나 자신과 대화하는 것'이라고 하였다. 반대편의 말을 들으려는 것은 자신의 불완전성을 인정한다는 것이며, 헤겔(Heggel)은 진짜 진실은 끝끝내 맞선 양편의 싸움이라고 하였다. 한없이 고요한 수평선이 아니라 지금 여기서 거세게 출렁거리는 파도에 더 가깝다. 파도 위에 선 삶이 포근할 수 없지만 오히려 수평선은 사람이 발을 딛고 살 수 있는 곳이 아니다.

돌멩이와 홍길동의 차이는 자기의식이 얼마나 환하게 깨어 있느냐의 차이이다. 돌멩이의 의식은 워낙 고요해서 그냥 멈추어 있다면, 홍길동은 자신의 정체성에 대한 각성이 있었다. 안다는 것이 어느 특정 부분에서만 완성되는 것은 불가능하다. 리히텐베르크는 "화학만 알면 화학도 모르는 것이다"라고 하였다. 진짜 앎이 되려면 반드시 그 영역의 외부와 얽히거나 그 영역의 울타리를 넘는 중이어야 한다. 등산을 하는 동안에는 등산하는 사람의 눈높이에 맞춰 풍경이 함께 변화하는 것과 같은 이치다.

자녀들이 성장하는 동안 부모와 자녀들의 정서가 서로 다르게 표현되더라도 서로 다름을 숨기지 않고 자유롭게 다루어 가는 것이 중요할 것이다. 우울한 부모는 아이에게 사랑한다고 말하지만 슬픈 표정을 지을 수 있고, 부모의 정서가 불안정하면 자녀들이 눈치를 보게 된다. 이런 양가적인 메시지나 일치적이지 않은 소통은 자녀들을 매우 혼란스럽게 만들어 낮은 자존감을 형성하게 한다. 정직하고 일치된 대화와 융통성과 자유가 있는 건강한 의사소통 경험이 중요하다.

그러기 위해서는 부모 자신이 멈추어 자기 자신을 이해하고 다룰 줄 알아야 한다. 자존감이 높은 부모들은 자녀들과 때로는 친밀하게, 때로는 거리를 유지하면서도 비교적 잘 균형을 이룬다. 최근 가장 선호하는 부모 이미지인 '친구 같은 부모'는 엄격한 부모와 반대되는 개념이 아니다. 친밀한 심리적 공간 안에서 무조건적으로 허용하는 것이 아니라 자녀가 부모와의 경계를 이해하고 존중하도록 안전한 울타리를 제공하는 것이다.

1) 정서적 과정 - 융합과 분화

기본적으로 정서가 느끼는 반응인 충동은 감정, 본능, 욕구들을 포함하고, 인지적 반응인 판단과 논리는 지식, 사고, 추론 등을 포함한다. 보웬(Murray Bowen)은 우리가 건강하고 기능적인 결정을 내리기 위해서는 정서와 인지 시스템 모두를 사용해야 한다며 차분하게 정서를 안정시키고 생각하기(Be Calm and Think!)를 권한다. 분화(differentiation)는 개별성과 연합성을 자기 자신의 내적 상태와 대인관계에서도 잘 조절할 수 있는 능력이다.

성장과 독립을 향해 나아가는 자기분화의 반대 축에는 융합(fusion)이 있다. 융합된다는 것은 공생적이거나 기생적인 관계의 혼란에 빠지는 것이다. 사람들은 그들이 자신을 아는 것만큼만 서로에 대해 알 수 있다. 자신에 대해서는 잘 알지 못하면서 친밀한 관계에서 상대방이 다 알아주기를 바라는 심리 상태는 융합하려는 태도에 가깝다. 융합의 상태에서는 자기 반응의 원인이 상대에게 있다고 본다.

분화도가 낮은 사람의 특징은 감정적, 반응적이며, 거절에 어려움을 겪는다. 삼각화하는 경향이 있으며 비판적이고 판단적인 특징이 있다. 의존적이라 정서적이나 사회적인 문제를 직접 소통하는 데 어려움이 따른다. 실수를 통해 배우기보다는 문제가 있는 패턴을 반복한다. 보웬은 원가족의 분화수준을 집을 떠나서도 유지한다고 보았으며, 유사한 분화수준을 가진 사람들끼리 만난다고 하였다.

분화도가 높은 사람의 특징은 타인의 감정에 말리지 않고 친밀해질 수 있다. 감정적인 정서(emotion) 반응과 인지적인 추론(reason) 사고를 구별할 수 있어, 자신과 타인의 정서를 구별할 수 있다. 감정을 진정시키는 능력 있으며, 사려 깊은 결정을 하고 타인의 압력에 굴복하지 않는다. 그리고 스트레스에 덜 취약하고 독립적이며, 삼각화하지 않고, 감정적으로 휘둘리지 않는 편이다.

청소년이 융합된 가족관계 안에서 반항할 때, 외부의 친구들과는 똑같은 강한 융합을 형성하기 쉽다. 그러나 분화되려는 행동이 아닌 또다시 일치성에 대한 욕구가 전이되어 서로 융합할 뿐이다. 그렇다면 융합이 다른 관계로 전이된 것뿐이지 여전히 분화와는 거리가 멀다. 진정한 수용은 차이를 받아들이는 것이다. 우리는 진실로 우리 자신이 될 때만 비로소 차이를 받아들인다. 융합과 분화는 정서적 과정에 대한 것으로 관계 맺는 대상에 대해 어떤 태도나 자세로 접근하는가를 가리킨다.

어느 누구도 완벽한 분화를 이룰 수는 없지만 좀 더 분화될수록 타인과 친밀한 관계를 유지하면서 자신이 원하는 것을 알고 추구할 수 있다. 잘 분화된 사람(건강한 자존감을 가진 사람)의 특징으로는 첫째는 타인의 평가에 대한 자유로움에 있다. 자신의 가치를 명백히 알 수 있고 자신에게 중요한 것이 무엇인지를 결정할 수 있다는 것이다. 따라서 다른 사람의 인정이나 불만에 좌우되지 않는다. 그러나 대인관계에 신경을 쓰지 않는다는 것은 아니다. 다만 타인의 평가로 인한 정서 문제에 덜 좌우된다. 상황을 정확하게 인식하는 적응성과 융통성이 있다.

둘째는 사고와 감정의 분리가 된다는 것이다. 물론 분화가 잘 되었다는 것은 감정이 없다는 것이 아니라 감정에 좌우되지 않고, 필요할 때 경험했던 감정을 표출한다는 뜻이다. 자신이 선택한 것에 대해 감정을 열정적으로 표현해 내며 감정적으로 행동할지 또는 하지 않을지 판단할 수 있다. 분화는 더 강한 정서적 안녕감을 가져다준다.

기본 분화수준은 일정하게 유지되지만, 스트레스나 대처 기술에 따라 조금씩 달라질 수 있다. 기본 분화수준이 20인 경우 스트레스가 낮고 대처기술이 좋으면 30으로, 스트레스가 높고 대처기술이 낮으면 10으로 이동할 수 있다. 분화도를 높이기 위해서는 감정 반성 행동을 조절하고, 삼각화를 벗어나야 하는데 다음과 같은 질문을 해 보는 것이 도움이 된다.

[불안요인 평가하기]

Q. 최근 불안이 가중되거나 미해결된 것, 감정적 표현이 드러나기 전에 나타난 어떤 사건이나 행동이 있었나?

[증상 패턴 파악하기]

Q. 거리두기, 삼각관계, 투사, 침묵하기 등 관계에 있어 어떤 반복적인 증상과 패턴이 나타는가?

[기본적인 분화수준 파악하기]

Q. 그동안 다양한 상황에 어떻게 대처해왔는지? 유용한 자원은 무엇인지?

[자기 변화를 계획하기]

Q. 타인 비난 아닌 자기 입장(I-position)으로 말하고 행동하고 있는지?

2) 불안 다루기 - 탈삼각화와 자기 입장

두 사람 관계에서 생기는 불안이나 긴장을 사람들은 제3자를 끌어들여 긴장을 해결하려 하거나 서로의 차이점과 정서적 갈등을 봉합하려 한다. 불화하는 부부는 갈등을 피하기 위해 아이에게 초점을 맞추게 되는데 이러한 역기능적 삼각화는 문제를 영속화 시키는 기능을 한다. 세 사람 안에는 친밀해지려는 두 사람(inside)과 소원한 한 사람(outside)이 있다. 세 사람 모두 동시에 가까워지기는 어렵다. 삼각관계(triangulation)에 있는 두 사람의 연합은 불안을 감소시키고, 강한 지지와 힘을 준다. 그러나 관계의 친밀함과 소원함을 통제하는 과정을 방해하기도 한다. 중년기의 매력적인 새 파트너와의 새로운 연합은 현실을 왜곡한다. 이것은 연합의 실제 의도가 다른 사람에게서 자기를 찾고 유능감을 얻는 데 있기 때문이다.

희생양(scape goat)은 모든 집단에 존재한다. 부부간의 문제를 간과하고 다루지 않으려 가족 내 증상을 가진 가장 취약한 구성원인 희생양의 문제로 초점을 돌리게 한다. 희생자는 무력해 보이고 그들 스스로도 무력하다고 생각하지만 사실 가족 안에서 가장 힘 있는 사람일 수 있다. 그들은 다른 사람에게서 많은 관심을 끌 수 있고, 중요한 결정 시 늘 고려의 대상이 된다. 종종 희생자들은 그들의 무력함으로 구원자의 행동을 자극하는 법을 잘 알고 있다. 희생자는 자신의 문제를 해결하려고 다른 사람을 연루시킨다.

박해자라고 늘 자신감이 넘치는 것은 아니다. 그들이 가장 좋아하는 말은 "반드시 해야만 한다"이다. 가족 내 어느 한 구성원을 구원하려는 구원자는 과도한 역할을 하게 되면서 과소 기능자(희생자)를 박해하는 사람이 되어 간다. 이후 박해로 여겨지는 과잉 행동들이 더 이상 제 기능을 하지 못할 때 그는 어느새 본인이 피해자가 되는 경험을 하게 될 것이다. 부모와 삼각화한 자녀의 미래 상호작용 패턴 역시 또 다른 삼각화 패턴을 예측하게 한다.

원가족으로부터 전수되기도 하는 삼각관계를 탈삼각화(detriangulation)하기 위해 우리는 초점을 타자에서 자기에게로 돌리는 자기 입장(I-Position) 취하기로 이전과는 다르게 행동하기를 배울 필요가 있다. 둘의 관계는 각각 다른 사람들과의 관계라는 네트워크 안에서 이루어짐으로 인간의 정서가 더 큰 체계 안에서 어떻게 기능하는지 이해하고 예측할 수 있게 해 준다. 침착하고 평안하게, 어느 한쪽 편을 들지 않음으로, 감정 반응을 하지 않으면서, 문제 해결을 도우면 탈삼각화할 수 있다. 삼각관계란 자연스러운 것이고 문제 해결에 도움이 되는 기능적 삼각관계도 있을 수 있다. 충분히 연합된 경험을 한 사람이 편안하게 독립을 향해서도 나아갈 수 있을 것이다. 다만 그 과정에서 자신이 어떤 역할을 하는지 명료하게 이해할 필요가 있다.

삼각관계는 기본적으로 불안 정서에 대한 반응과 관련된 것이므로 탈삼각화하기 위해서는 덜 불안하고 차분하며 안전한 여건을 조성하는 것이 필요하다. 탈삼각화는 분화를 돕고, 진정한 자기가 되도록 돕는다. 정서가 안정(Self-soothing)되고, 자신의 삶에 대해 책임을 지는 것은 자기 입장을 취하는 것이다. 나의 외적 조건들은 내가 선택할 수 없는 것들이 많지만, 나의 내면에 있는 자존감은 나의 선택과 내가 만들어가기를 끊임없이 요청해 오고 있다.

2장

가족 내 이슈에 따른 부모 자녀 관계

1. 이혼

가족을 복잡한 은하에 비유한 《우리는 우주를 꿈꾼다》라는 에린 엔트라다 켈리(Erin Entrada Kelly)의 책에 보면 가족은 각자의 궤도를 떠도는 하나의 태양계 같은 모습이다. 행성들은 정해진 궤도를 돌지만, 가족들은 행성보다는 각자의 궤도를 향하는 유성이나 우주 쓰레기와 더 비슷한 모습이다. 가족은 한때 하나의 태양을 중심으로 질서 있게 공전한 적이 있었지만, 위기가 오면 어느 시점에 각자의 궤도로 흩어짐을 경험한다. 별거 및 이혼 단계의 가족들의 정서는 처음에는 그 충격으로부터 이혼 위기라는 현실을 부인하고 좌절하면서 자신의 상처를 상대방 탓으로 돌린다. 시간이 흘러가면서 상대방과 협상을 시도하지만 생각대로 잘 되지 않을 경우 또 분노하고 그러는 과정 중에 점점 현실을 받아들인다. 체념과 우울을 거쳐 현실을 받아들이지만 감정의 큰 기복을 경험한 후에 수용으로 나아가게 된다.

부부의 높은 갈등은 이혼 요구, 폭력과 방임, 별거 중 생활비 미지급, 사실혼 청산, 별거 중 타인과 자녀 출산, 자녀들의 소년 비행 등의 증상으로 드러나기도 한다. 살다보면 부부싸움을 할 수도 있고, 갈등이 깊어지면 이혼은 할 수도 있다. 그러나 건강하게 이혼하는 지혜가 필요하다. 이혼으로 인한 개인적 차원의 자기규정과 친밀했던 관계들의 변화에 따른 정서 수준에 대한 수용, 부모 자녀 관계, 가족과 친구들과의 관계, 지역사회 공동체와의 관계 변화와, 법적 지위의 변화 등의 다양한 수준의 변화를 경험하게 된다. 이혼은 법적인 이혼도 있지만 정서적인 이혼, 경제적인 이혼도 있다.

1) 협의 이혼 및 재판상 이혼

한국 사회의 여러 사회현상의 하나 중 높은 이혼율이 있다. 이혼은 더 이상 실패가 아니라는 인식으로 점차 바뀌는 사회적 분위기 속에서 혼인 지속 연수가 20년 넘은 황혼이혼이 증가하고 있다. 이혼하는 방법에는 크게 협의 이혼과 재판상 이혼 두 가지가 있다. 부부가 이혼에 합의한 경우에는 협의 이혼을 할 수 있으며, 합의가 이루어지지 않는 경우에는 당사자 일방의 청구에 의해 법원의 재판으로 이혼하는 재판상 이혼을 할 수 있다.

[협의 이혼]

부부 사이에 이혼하려는 의사가 있으면, 법원에 이혼신청을 하고 일정 기간이 지난 후 법원의 확인을 받아 행정관청에 이혼신고를 하면 이혼의 효력이 발생한다.

(「민법」 제834조 및 제836조 제1항 참조)

협의 이혼을 할 때 양육할 자녀가 있는 경우에는 자녀의 양육과 친권에 관한 사항을 부부가 합의해서 정하고, 그 협의서를 이혼 확인을 받을 때 법원에 의무적으로 제출해야 한다. 합의가 이루어지지 않는 경우에는 법원이 직권 또는 당사자의 청구에 의해 정한다.

(「민법」 제837조 참조)

위자료나 재산분할에 관한 사항도 부부가 합의해서 정하게 되는데, 합의가 이루어지지 않는 경우에는 법원이 당사자의 청구에 의해 정한다.

(「민법」 제839조의2 참조)

[재판상 이혼]

협의 이혼이 불가능할 때 부부 중 한 사람이 법원에 이혼 소송을 제기해서 판결을 받아 이혼할 수 있는데, 이것을 재판상 이혼이라고 한다. 재판상 이혼이 가능하려면 다음과 같은 사유가 있어야 한다.

(「민법」 제840조)

1. 배우자의 부정한 행위가 있었을 때

2. 배우자가 악의로 다른 일방을 유기한 때

3. 배우자 또는 그 직계존속으로부터 심히 부당한 대우를 받았을 때

4. 자기의 직계존속이 배우자로부터 심히 부당한 대우를 받았을 때

5. 배우자의 생사가 3년 이상 분명하지 않은 때

6. 그 밖에 혼인을 계속하기 어려운 중대한 사유가 있을 때

한국 사회에서는 민법상 유책주의를 원칙으로 삼아 왔으나 사회 인식의 변화에 따라 파탄주의 도입에 관한 논의가 주장되고 있다. 파탄주의는 결혼 파탄의 책임과 관계없이 결혼 생활을 지속하기 어렵다고 판단되는 경우 이혼을 인정하므로 파탄의 책임이 있는 배우자라도 이혼 청구가 가능하다. 1907년 스위스에서, 혼인 관계가 심각한 파탄 상황에 이르렀을

때 어느 한쪽이 이혼 소송을 제기할 수 있음을 인정하면서 시작되었다. 이후 유럽을 중심으로 많은 나라가 파탄주의를 따르고 있다. 한국에서는 남편이 아내를 일방적으로 쫓아내는 축출이혼을 방지하고 사회적 약자를 보호하기 위해 민법상 유책주의를 원칙으로 삼아오고 있으며, 결혼 생활이 지속이 어려운 경우 협의 이혼을 통해 스스로 결정할 수 있도록 하고 있어 유책주의 원칙이 고수되고 있다. 다만 최근에는 유책 배우자의 이혼 청구를 예외적으로 인정하는 판례도 늘고 있다.

2) 자녀들의 심리상태

이혼 후라도 자녀들에게 친생자 관계의 부모는 누구도 대체할 수 없는 존재이다. 자녀들은 이혼 전부터 부부싸움에 노출되어 이혼 이전의 갈등을 경험하고 이혼에 따른 이후 변화에 따른 적응과 양육의 질 변화, 어느 한쪽 부모의 상실과 경제적인 어려움을 겪게 되기도 한다. 갈등을 심하게 경험하는 부모들은 갈등 사건을 과장하거나 과도한 정보를 자녀들에게 제공하여 자녀를 끌어들인다. 상대방 부모를 함께 비난하거나 이혼을 볼모로 자녀들과 거래를 하기도 한다. 자녀들은 어느 한쪽과 동맹을 맺거나 융합되는 경우 충성심의 갈등을 느낀다.

자녀들은 부부싸움을 모르는 척하거나, 현재 함께 살고 있는 부모에게 과도하게 의존하며 순응한다. 부모의 불안과 양육 스트레스가 심해지면 자녀들에게 학대가 일어나기도 한다. 부모의 말이 서로 달라 혼란스러워하며 함께 사는 부모의 감정으로 다른 부모를 바라보며 심할 경우 자신 탓을 하며 자살도 생각한다. 부모 역시 자녀들에게 행복한 모습을 보여 주지 못해 죄책감을 느끼기도 한다.

이혼 과정의 아동들의 견해가 존중되도록 아동의 자기결정권이나 아동자신의 참여가 보장되는 권리가 지켜져야 하며, 정보를 얻을 권리, 발언할 권리, 고려될 권리가 있다. 우리나라 가사소송법 가사소송규칙 100조에 의하면 〈친권자의 지정과 자의 양육에 관한 사건〉의 경우 "자(子)가 13세 이상인 때에는, 가정법원은 심판에 앞서 그 자(子)의 의견을 들어야 한다. 다만, 자(子)의 의견을 들을 수 없거나 자(子)의 의견을 듣는 것이 오히려 자(子)의 복지를 해할만한 특별한 사정이 있다고 인정되는 때에는 그러하지 아니하다"로 명시되어 있다.

찬성하는 의견으로는 자녀의 최선의 이익을 실현할 가능성이나 결정의 절차적 신뢰, 자녀의 자기 통제와 자아 존중감, 선택이 아닌 참여를 그 근거로 하고 있다. 반대의 의견은 자녀가 부모 갈등 상황에서 부모의 정당하지 못한 영향을 받게 되거나 부모의 긍정적 권위가 사라지고, 부족한 정보를 가진 자녀의 참여가 오히려 자녀의 복지에 반대되는 결정을 내릴 우려가 있다고 본다.

유엔 「아동권리협약」 UNCRC(United Nations Convention on the Rights of the Child) 제12조

1. 당사국은 자신의 견해를 형성할 능력이 있는 아동에 대하여 본인에게 영향을 미치는 모든 문제에 있어서 자신의 견해를 자유스럽게 표시할 권리를 보장하며, 아동의 견해에 대하여는 아동의 연령과 성숙 정도에 따라 정당한 비중이 부여되어야 한다.

2. 이러한 목적을 위하여, 아동에게는 특히 아동에게 영향을 미치는 어

떠한 사법적, 행정적 절차에 있어서도 직접 또는 대표자나 적절한 기관을 통하여 진술할 기회가 국내법상 절차 규칙에 합치되는 방법으로 주어져야 한다.

부모의 이혼과 지속적인 갈등이 성장 과정에 있는 자녀에게 미치는 영향으로 자녀가 겪는 어려움들에 대해 서울가정법원은 [부모 홈페이지]를 통해 다음과 같이 안내하고 있다.

○ 상실 반응
상실의 반응 5단계가 있다. 이러한 단계는 시간의 흐름에 따라 느리게 변해 가지만 진행과 역행을 반복하며 이루어지기도 하는데, 자녀들이 상실감을 조금씩 받아들이며 보이는 이런 행동은 회복을 위한 과정이기도 하다.

1단계 - 부모의 이혼을 받아들이지 못하고 부인하거나 외면
　　　"우리 부모님은 다시 만날 거예요. 전에도 싸웠지만 화해했거든요"
2단계 - 부모의 이혼에 대해 분노하고 원망
　　　"어떻게 나를 두고 이혼할 수 있어요. 나를 사랑하는 거 맞아?"
3단계 - 협상과 타협 시도
　　　"내가 앞으로 말을 잘 들으면 엄마, 아빠가 안 헤어질지도 몰라요"
4단계 - 현실이 변할 수 없음을 알고 무기력과 우울 호소
　　　"엄마 아빠는 더 이상 사랑하지 않는대요"

5단계 - 현실을 차분하게 받아들이면서도 그다음의 일들에 대해 생각하기 시작

"엄마(또는 아빠)가 보고 싶을 때마다 편지를 쓸 거예요"

○ 애도 반응

애도 반응은 사랑하는 누군가를 떠나보냈을 때 나타나는 자연스러운 심리적인 반응이자 회복 과정 중의 하나로 우울하기도 하고, 무기력하기도 하지만 이런 과정을 통해 천천히 건강하고 일상적인 모습으로 돌아오게 된다. 부모는 조급해하지 말고, 자녀가 이런 과정을 자연스럽게 겪고 지나갈 수 있도록 기다려 주는 것이 좋다. 자녀에게 나타날 수 있는 자연스러운 애도 반응은 다음과 같다.

"종종 우울해하고, 전과 비교해서 웃는 일이 많이 줄었어요"

"이유 없이 울고 있거나, 예민하게 굴 때가 있어요"

"밥도 잘 먹지 않고, 전처럼 활발하게 놀지 않아요"

"운동이나 세수 등 잘하던 것을 못 한다고 하고, 부모한테 해달라고도 해요"

"새로 바뀐 학교나 동네를 싫어하고, 적응을 힘들어해요"

그러나 가끔은 자녀의 반응이 자연스러운 수준을 넘어 도움이나 개입이 필요할 때는 망설이지 말고 관련 전문가를 찾아가 보는 것이 필요하다.

예) "많이 우울해하고, 죽고 싶다는 말도 한 적이 있어요"

"전에 없이 매우 예민하고, 화를 심하게 내요"

"밥 먹는 것이 너무 줄었고, 어지럽고 배 아프다고 할 때도 있어요"

"학교를 안 가고, 사고를 많이 쳐요"(무단조퇴, 결석, 음주나 흡연)

"전에 없던 걱정스러운 행동을 할 때가 있어요"(소변 실수, 머리카락 뽑기, 손톱 심하게 물어뜯기 등)

자녀가 자신의 감정 경험을 정리하면서 회복하는 데에는 부모의 역할도 매우 중요하다. 무엇보다 자녀가 빨리 감정을 정리하도록 재촉하지 말아야 한다. 자녀의 경험에 대해 대화를 많이 나누고, 자녀가 무엇이든 묻거나 표현할 수 있도록 격려해 주고, 상대방 부모를 자주 만나러 가거나 상대방 부모와 특별한 시간(여행 등)을 보내는 등 자녀가 요청하는 것들을 허락해 주는 것이 좋다. 이혼 후 부모가 먼저 자신의 감정정리를 차분히 하고, 새로운 생활에 잘 적응하여 지내는 모습을 보여 주는 것이 자녀의 회복에 도움이 된다. 자녀가 안타깝다고 특별대우를 해 줄 필요는 없으며, 전과 동일하게 일상적이고, 규칙적인 생활을 하는 것이 도움이 된다.

○ 충성심의 갈등

자녀는 부모 모두와 좋은 관계로 지내고 싶어 한다. 하지만 부모는 자녀가 자신의 편이 되었으면 하고, 실제로 그런 눈치나 압력을 주기 때문에 자녀는 양쪽의 눈치를 극심하게 볼 수밖에 없고, 마음이나 행동이 모두 움츠러들 수 있다. 면접교섭 시간을 재미있게 보냈음에도 함께 사는 부모에게 재미없었다고 말하거나 특별한 이유 없이 면접교섭을 하지 않겠다고 말한다면, 자녀가 충성심 갈등 때문에 힘들어하는 것은 아닐까 생각해봐야 한다. 자녀가 충성갈등에서 벗어나게 하려면 결국에는 부모들의 힘겨루기나 신경전이 없어야 한다.

○ 버림받은 느낌

별거나 이혼 후에 함께 살지 않는 부모를 만나지 못하는 시간이 길어지면, 자녀는 그 부모에게 버림받았다는 감정을 느끼게 될 것이다. 자녀들은 섭섭한 감정을 느끼지만, 그것을 바로 표현하지는 못할 수 있다. 오히려 함께 사는 부모에게 더 집착하고 매달리면서 괜찮은 척하는 일이 많다. 함께 사는 부모 입장에서는 자녀가 상대방 부모를 찾지 않고, 자신에게만 매달리는 일이 싫지는 않아서 이런 상황을 방치하는 경향이 있지만 자녀의 가장 깊은 속마음에서는 자신의 부 양육자 부모에게 거절당한 상처가 남아 있다는 것을 꼭 기억해야 한다. 버림받은 느낌을 갖고 자라는 자녀는 따돌림이나 학교폭력에 노출되기 쉬우며, 어른이 돼서도 대인관계를 두려워할 수 있다.

○ 죄책감

일반적으로 이혼하기 전 부부는 오랜 기간 다투고 갈등하는 시기를 겪게 되는데 부부의 갈등이 깊어지면 자녀 앞에서 언성을 높이기도 하고, 간혹 자녀가 언쟁의 이유가 되기도 한다. 이런 경우가 잦아지면 자녀는 부모의 이혼이 자신 때문이라고 생각하기 쉽다. 아무리 아니라고 설명해 주어도 한 번 갖게 된 죄책감은 씻어내기 쉽지 않기에 민감하고, 감수성 있는 착한 기질의 자녀들이 오히려 부모의 문제에 과도한 죄책감을 느끼는 경우가 많다. 그런 자녀들은 죄책감을 만회하기 위해 부모에게 순종적이고,

자기 불만을 표현하지 않는 경향이 있다. 이런 자녀는 성장해서 사회적으로는 모범적인 사람이 될지라도 내면에서는 우울함을 계속 가지고 있는 경우가 많다.

3) 이혼 과정의 부모 자녀 관계

이혼은 부모가 했는데 자녀들이 어느 한쪽 부모와 영원히 이별하거나 경제적으로 궁핍하게 되어서는 안될 것이다. 양육은 아이를 먹이고 재우는 것도 양육이고, 양육비를 지급하면서 경제적 안정을 도모하고 면접교섭을 진행하면서 정서적 안정을 도모하는 것도 모두 양육의 방법이다.

○ 주 양육자

주 양육자는 자녀와 함께 살며 주로 자녀의 일상을 책임지는 사람으로 주 양육자인 부모에게 친권과 양육권을 지정하는 것이 좋다. 친권이 부권은 아니며, 친권과 양육권을 따로 나눠 갖거나 공동으로 하는 경우 자녀 양육에 법적인 절차가 복잡해져 자녀가 혹시 응급수술을 받거나 할 때 어려울 수 있다. 친권, 양육권을 가진 부모가 주 양육자가 되어 자녀를 돌보게 된다.

○ 부 양육자(비양육친)

부 양육자인 상대방 부모는 자녀와 따로 살면서 자녀가 만 19세 성인이 될 때까지 양육비를 지급하며 면접교섭을 통해 함께 자녀를 양육하게 된다. 양육비는 단순 생활비가 아닌 자녀의 생활비에 해당하며, 면접교섭은 자녀와 부 양육자가 자유롭게 만나는 것을 의미한다. 양육비 지급을 하지 않아 자녀를 보여 주지 않겠다는 사례가 흔하게 나타나고 있는데 면접교섭은 부 양육자의 욕구 충족을 위한 것도 아니고 양쪽 부모의 사랑을 잘 받으며 자라고 싶은 자녀의 권리이며 자녀의 정서적 안정에 매우 중요하다.

양육비 지급을 하지 않는 비양육친들이 한국 사회에는 많아서 양육비 이행관리원이라는 기관도 설립되었으나 여전히 양육비 지급 이행율은 36%에 그치고 있다. 양육비 이행 지원 서비스는 「양육비 이행확보 및 지원에 관한 법률」에 근거하여 양육부모(양육비 채권자)의 신청을 받아 비양육 부모로부터 양육비를 지급받을 수 있도록 당사자 간 협의성립, 양육비 관련 소송, 추심, 불이행 시 제재 조치 등의 서비스를 지원한다.

비양육친과 자녀와의 지속적인 만남은 자녀에게 여전히 사랑받고 있다는 안정감을 제공한다. 버림받았다는 상실감과 분노를 주지 않아야 자녀의 사회성과 대인관계 기술 및 성격 형성에 긍정적인 영향을 미칠 것이다. 소년보호사건의 경우 비양육친의 중요성이 매우 확연하게 드러나고 있다. 주로 폭력 등의 고갈등으로 이혼한 후 부부 관계가 단절된 경우에는 부모 자녀 관계도 단절되는 경우가 많기 때문이다. 면접교섭 이행은 비양육친 부모에게도 자녀와의 이별에 대한 불안감을 해소하고 양육비 지급에 자발적인 동기가 지속적으로 부여될 수 있다. 현실에서도 면접교섭이 잘되어야 양육비 지급도 잘되고, 양육비 지급이 잘되어야 면접교섭이 잘 이루어진다. 양육비는 자녀의 경제적 수준을 뒷받침해 주고, 면접교섭은 자녀의 정서적 발달에 큰 영향을 미치므로 원활한 합의에 의해 자녀를 함께 양육하는 것이 매우 중요하다.

이혼 후 자녀의 나이 및 부모 소득에 따른

자녀 양육비 산정기준(서울가정법원 참고자료)

부모합산 소득 자녀 만 나이	0~199만 원 평균양육비(원) 양육비 구간	200~299만 원 평균양육비(원) 양육비 구간	300~399만 원 평균양육비(원) 양육비 구간	400~499만 원 평균양육비(원) 양육비 구간	500~599만 원 평균양육비(원) 양육비 구간	600~699만 원 평균양육비(원) 양육비 구간	700~799만 원 평균양육비(원) 양육비 구간	800~899만 원 평균양육비(원) 양육비 구간	900~999만 원 평균양육비(원) 양육비 구간	1,000~1,199만 원 평균양육비(원) 양육비 구간	1,200만 원 이상 평균양육비(원) 양육비 구간
0~2세	621,000 264,000~686,000	752,000 687,000~848,000	945,000 849,000~1,021,000	1,098,000 1,022,000~1,171,000	1,245,000 1,172,000~1,323,000	1,401,000 1,324,000~1,491,000	1,582,000 1,492,000~1,685,000	1,789,000 1,686,000~1,893,000	1,997,000 1,894,000~2,046,000	2,095,000 2,047,000~2,151,000	2,207,000 2,152,000 이상
3~5세	631,000 268,000~695,000	759,000 696,000~854,000	949,000 855,000~1,031,000	1,113,000 1,032,000~1,189,000	1,266,000 1,190,000~1,344,000	1,422,000 1,345,000~1,510,000	1,598,000 1,511,000~1,702,000	1,807,000 1,703,000~1,912,000	2,017,000 1,913,000~2,066,000	2,116,000 2,067,000~2,180,000	2,245,000 2,181,000 이상
6~8세	648,000 272,000~707,000	767,000 708,000~863,000	959,000 864,000~1,049,000	1,140,000 1,050,000~1,216,000	1,292,000 1,217,000~1,385,000	1,479,000 1,386,000~1,546,000	1,614,000 1,547,000~1,732,000	1,850,000 1,733,000~1,957,000	2,065,000 1,958,000~2,101,000	2,137,000 2,102,000~2,224,000	2,312,000 2,225,000 이상
9~11세	667,000 281,000~724,000	782,000 725,000~885,000	988,000 886,000~1,075,000	1,163,000 1,076,000~1,240,000	1,318,000 1,241,000~1,406,000	1,494,000 1,407,000~1,562,000	1,630,000 1,563,000~1,758,000	1,887,000 1,759,000~2,012,000	2,137,000 2,013,000~2,158,000	2,180,000 2,159,000~2,292,000	2,405,000 2,293,000 이상
12~14세	679,000 295,000~734,000	790,000 735,000~894,000	998,000 895,000~1,139,000	1,280,000 1,140,000~1,351,000	1,423,000 1,352,000~1,510,000	1,598,000 1,511,000~1,654,000	1,711,000 1,655,000~1,847,000	1,984,000 1,848,000~2,071,000	2,159,000 2,072,000~2,191,000	2,223,000 2,192,000~2,349,000	2,476,000 2,350,000 이상
15~18세	703,000 319,000~830,000	957,000 831,000~1,092,000	1,227,000 1,093,000~1,314,000	1,402,000 1,315,000~1,503,000	1,604,000 1,504,000~1,699,000	1,794,000 1,700,000~1,879,000	1,964,000 1,880,000~2,063,000	2,163,000 2,064,000~2,204,000	2,246,000 2,205,000~2,393,000	2,540,000 2,394,000~2,711,000	2,883,000 2,712,000 이상

🦋 전국의 양육자녀 2인 가구 기준

　　이혼이 자녀에게 미치는 효과에 대한 연구들은 한국에서 이혼이 부모는 물론 자녀에게 외국에 비해 더 큰 스트레스를 준다고 보고하고 있다. 특히 면접 교섭이 제대로 실시되고 있지 않다. 면접교섭과 양육비 지급은 별개의 사안이며, 면접교섭 방법에 있어서도 고갈등 시 부모들의 사고가 경직되어 면접교섭의 시가나 횟수, 방법 등에 대해 자신의 입장만을 주장해 타협이 어려운 경우가 있다. 고갈등을 경험하는 부모는 분노와 슬픔 유기로 인한 두려움 등 부정적인 정서가 내재되어 있어서 이러한 자신의 감정을 외부로 과도하게 표출하여 충동적으로 행도하는 경향이 있어 적절하게 감정을 표현하도록 도울 필요가 있다.

고갈등이 야기되는 핵심적인 성격특성 중 자기애적인 성격을 가진 부모의 경우 이혼이란 실패, 상실, 거부, 무가치함 등을 의미하기 때문에 이혼을 용납하지 못하고 이러한 불안정한 심리 상태로 인해 면접 교섭에 영향을 미치게 된다. 이러한 부모들은 상대방 부모를 통제하고 자신의 욕구를 충족하기 위해 자녀를 수단으로 사용하는 경향이 있다. 통제적인 부모들은 자녀의 생각이나 감정까지 조정하려 하고 죄책감을 유발시키거나 애정을 담보로 협박을 하는 등 다양한 방법으로 자녀가 동조할 수밖에 없게 만든다. 이러한 경우 자녀들은 불안이 높고 우울하며, 학업성취나 사회적 관계에 행동적, 정서적 어려움을 겪게 된다.

안정적인 애착 형성이 되기 전에 한쪽의 부모를 만나지 못하고 그 기간이 장기화된 경우 자녀는 부모를 낯선 사람으로 지각할 수 있으며, 면접교섭을 하는 미성년 자녀의 경우 함께 살고 있는 부모에 대한 미안함과 죄책감, 눈치 보기 등이 나타날 수 있다. 뜻밖의 용돈이나 선물은 비밀을 만들게 되어 스트레스를 유발하거나 오히려 용돈을 얻어내는 이득을 위해 부모의 갈등 상황을 이용하기도 한다. 따라서 이혼 과정에서 자녀를 보호하기 위한 부모의 태도가 중요하다.

○ 솔직한 태도

이혼의 모든 과정에서 자녀에게 항상 솔직한 태도를 보여야 한다. 부모가 듣기 좋게 꾸미는 말이나 모호하게 표현하는 말은 자녀를 더욱 불안하고 혼란스럽게 만들기 때문이다. 오히려 솔직하고 용기 있는 태도는 자녀에게 좋은 모델링이 될 수 있다. 다만 이혼의 원인처럼 자세히 설명하기 적절하지 않은 것에 대해서는 거짓말을 하기보다 말할 수 없는 상황 자체를 솔직하게 설명하거나 같은 사실이라도 긍정적인 동기에 초점을 둔 표현이 좋을 수 있다.

[적절한 대화의 예]

자녀: 엄마 아빠는 이제 이혼하는 거예요?

부모: 이혼에 대해 엄마 아빠가 고민을 하고 있어. 지금은 정해지지 않았지만 중요한 것들이 정해지면 자세히 이야기해 줄게. 대신 너희들도 궁금한 것은 물어보거나 생각을 말해 줘도 된단다.

자녀: 엄마 아빠는 왜 이혼하는 거예요?

부모: 엄마 아빠가 생각도 다르고, 서로 다투기도 많이 했어. 그래서 이제는 따로 떨어져 살면서 서로 싸우지 않고, 너희에게 좋은 부모 역할을 하는 것에만 신경 쓰려고 해.

○ 부부 문제에 자녀를 끌어들이지 않기

많은 부모들이 이혼의 다툼 과정에서 자녀를 자신의 편으로 만들고 싶어 하는 경향이 있다. 때로는 자녀에게 푸념을 늘어놓으면서 위로를 받고자 하고, 자녀를 통해 중재를 해보려고도 한다. 그러나 자녀는 부모의 해결사도, 중재자도 아니다. 부모의 다툼에 휘말린 자녀들은 부모의 이혼이 끝난 뒤에도 계속 후유증을 겪을 수 있다.

[적절한 대화의 예]

- 부모와 자녀의 경계 만들기

부모: 요즘 엄마와 아빠가 서로에 대해 고민이 많아. 하지만 이건 엄마 아빠가 하는 고민이고, 두 사람이 결정을 할 거야. 너희들이 부모 님 일로 고민하거나 힘들어하지는 않았으면 좋겠어.

- 자녀를 안심시켜 주기
부모: 요즘 엄마 아빠를 보면서 불안하고 슬플 때도 있지? 그래도 엄마 아빠는 어른이니까 이런 일들을 잘 해결할 수 있어. 우리는 어른 답게 고민하고 잘 결정할 거니까 너희는 너무 걱정하지 말고, 마 음으로만 응원해 줬으면 좋겠어.

[잘못된 대화의 예]
- 자녀에게 정서적으로 의지하기
부모: 내가 그동안 얼마나 힘들었는지 너는 알지?

- 자녀에게 중재를 맡기기
부모: 네가 좀 가서 이혼하지 말라고 이야기해 볼래?

- 자녀를 복수에 이용하기
부모: 너희 아빠(엄마)가 어떤 사람인지 너희도 알아야 해.

자녀를 보호하기 위해서는 자녀를 이용하지 않는 것을 넘어 적극적으로 부모와 자녀의 경계를 만들어 주어야 한다. 경계를 분명히 하면서도 자녀를 안심시키기 위해서는 다음과 같은 표현이 도움이 될 수 있다.

○ 자녀의 속마음을 살펴보기

자녀가 자기 마음을 가장 이해받고 싶은 사람이 부모이기에 지금 나는 자녀의 감정표현을 잘 들어주고 있는지 돌아봐야 한다. 자녀의 감정표현은 그것을 잘 듣고 공감해 주는 것으로 충분하다. 자녀의 감정표현에 대해 부모가 그에 맞는 해결책을 주려고 하거나, 자녀의 오해를 풀어주려고 설명하려고 하면 감정표현이 아닌 문제해결로 초점이 바뀌게 된다.

[적절한 대화의 예]

- 자녀의 감정표현을 판단하지 말고 그대로 듣기

"○○가 그런 기분이 들었구나"

- 자녀의 표현에 대한 부모의 감정을 표현해 주기

"○○의 이야기를 들으니 엄마(아빠)는 반가운 마음이 들어. 표현해 줘서 고맙구나"

[잘못된 대화의 예]

- 자녀의 감정표현에 대해 판단하거나 교정하는 대화

"그건 오해야. 슬퍼할 필요 없단다"

- 자녀의 표현에 성급히 해결책을 주려고 고민하지 않기

"그렇다면 내가 이렇게 해 줄까?"

4) 자녀의 연령에 따른 이해

자녀의 마음을 헤아릴 때 연령과 발달 단계, 기질 등을 함께 이해하는 것이 특히 중요하다. 같은 어려움을 겪어도 연령과 발달 단계에 따라 서로 다른 방식으로 어려움을 표현하기 때문이다.

○ 영유아기(만0~3세)

영유아기는 주 양육자의 양육방식이나 양육환경 변화에 매우 민감한 시기로 별거나 이혼 후 조부모의 양육 도움을 받는 경우도 흔한데, 이 역시 자녀에게는 큰 환경의 변화에 해당된다. 이 시기의 자녀는 언어적인 표현이 서투르므로 겉으로 보이는 신체적인 모습과 행동을 잘 관찰해야 한다.

[특징]

"평소보다 떼쓰거나 칭얼거리는 일이 많아지고, 달래기가 힘들어요"
"전에 없던 분리불안을 보이고, 밤에 자다가도 양육자를 확인해요"
"먹는 것이나 노는 활동이 평소보다 줄고, 체중도 늘지 않아요"
"자해를 하거나 다른 아이를 공격해요"

[부모·코칭]

주 양육자, 생활환경, 생활패턴이 최대한 바뀌지 않도록 하기
'잠들기 전 20분'처럼 일정한 시간에 더욱 친밀하게 스킨십을 하면서 놀아주기
떼쓰고 칭얼거릴 때 일관되고 즉각적인 형태로 위로하고, 침착하고 일

관되게 반응하기

○ 학령전기(만 4~6세)

학령전기의 자녀들은 부모의 상황에 대해 조금씩 눈치챌 수 있고, '부모가 나를 보러 안 오면 어쩌지'하는 구체적인 걱정도 하기 시작한다. 상상력이나 생각하는 능력은 늘어나지만, 감정을 조절하는 것은 아직 어려워서 심리적인 문제를 신체적 증상으로 표현하는 일도 자주 있다. 부모는 스킨십 외에도 다양한 대화를 통해 자녀를 안심시켜 줄 수 있다.

[특징]

"밥을 떠먹여 달라거나 안아 달라고 하는 등 아기 짓을 많이 해요"

"이유 없이 아프다고 하고, 투정을 부리며 떼를 써요"

"소변을 실수하거나 변을 너무 안 봐서 변비가 생겼어요"

"부모가 헤어진 것을 알려줘도 밖에서는 안 그런 것처럼 이야기하고 다녀요"

"모두가 자기를 버릴 거라는 등 황당한 걱정을 해요"

[부모 코칭]

· 규칙적인 생활 습관, 주 양육자의 안정감 있는 태도가 기본이다.

· 자녀의 일시적인 퇴행 행동은 치료가 필요하지 않다.

· 자녀에게 알려 줄 수 있는 것은 구체적으로 자세히 설명해 주기

· 비현실적인 환상이나 걱정을 직접 반박하기보다는 놀이와 동화로 편하게 표현할 수 있도록 허용하기

· 부모가 자기도 모르게 자녀의 불안을 키우는 행동(다투는 모습을 보이기 / 일관성 없이 양육하기 등)을 하고 있는지 확인해 보기

○ 학령기(초등학생 시기)

학령기 자녀에게는 가정 뿐 아니라 학교와 친구가 중요한 생활 영역이 된다. 가정에서 느끼는 불편함과 어려움을 부모에게 표현하지 못하고, 이것을 학교에서 문제 행동으로 나타낼 수도 있으므로 부모는 자녀의 학교, 친구 관계 등도 세심히 살펴보아야 한다.

[특징]

"학교 가기를 싫어하고, 왕따(따돌림)를 당하는 것 같아요" 혹은 "친구들과 자주 싸워요"

"학교에서 발표도 안 하고, 공부에 자신감도 없어 보여요"

"핸드폰에 더 집착하는데 그렇다고 즐거워 보이지도 않아요"

"나이에 안 맞게 어른스러운 걱정을 하고 있어요"

[부모 코칭]

· 부모의 이혼, 생활의 변화에 대해 구체적으로 대화해 보기
· 달라지지 않는 것들(부모의 사랑, 부모와의 만남 등), 이혼 이후 자녀의 생활 계획에 대해서도 충분히 구체적으로 설명하기
· 지속적인 면접교섭을 통해 부모 양쪽을 꾸준히 만나도록 하기
· 자녀의 학교행사에 참석하는 등 부모의 역할이 필요한 순간에는 확실하게 부모의 존재감을 보여 주기

○ 청소년기

청소년 시기의 자녀는 가족과 별개로 자신만의 삶을 살아가고자 하는 독립의 욕구가 강해지는 시기이다. 부모의 이혼 자체에도 스트레스를 느끼지만, 그로 인해 자신의 일상(주거, 경제적 상황)이 변하는 것에 대해서 분노하는 경우가 많다. 부모를 가해자, 자녀를 피해자로 보는 인식이 강하기도 하다. 청소년기 자녀의 이러한 분노 감정과 원망에 대해서 해명하거나 바로잡아 주려는 태도보다는 감정을 공감해 주는 것이 우선되어야 한다. 정말 이해받고 싶은 것은 표면적인 불만보다는 내면의 감정이기 때문이다. 청소년기 자녀를 잘 훈육하기 위해서는 이혼한 후라도 부모가 계속 협력하고 상의하는 과정이 필요하다.

[특징]

부모보다 또래의 가치관과 문화가 더 중요하고, 자존심과 체면이 중요해진다.

원망과 책임을 쉽게 주변 사람들에게 돌린다.

생각이나 행동이 극단적이고, 즉흥적이다.

저마다의 심리적 도피 행동(게임, 친구, 유흥 등)이 많아진다.

[부모 코칭]

· 자녀의 부정적 감정 표현도 잘 들어주고, 표현을 격려하기

· 자녀가 문제 행동을 통해 관심받기를 원하고 있는 것은 아닌지 생각해 보기

· 졸업식, 입학식, 생일 등 가족이 서로에 대한 역할과 책임감을 보여

줄 수 있는 이벤트들은 특히 꼼꼼하게 챙겨야 한다.

· 빨리 철들기를 강요하기보다는 실수나 잘못을 통해 배운 것들에 대해
생각해 볼 수 있도록 여유를 주기[1]

2. 가정폭력

한나 아렌트(Hannah Arendt)가 쓴 《예루살렘의 아이히만》에는 수많
은 유대인 학살을 자행한 아이히만의 재판과정이 나온다. 재판에서 드
러난 아이히만의 모습은 아주 사악하고 악마적인 인물일 거라는 생각과
는 달리 매우 평범했다. 심지어 개인적으로는 매우 친절하고 선량한 사
람이었다고 한다. 그런 사람이 어떻게 엄청난 학살을 자행할 수 있는가
에 대한 의문에서 출발해서 아렌트가 결론을 내린 것은 바로 "악의 평범성
(banality of evil)"이다. 쉽게 말해서 악의 평범성이란 "모든 사람들이 당
연하게 여기고 평범하게 행하는 일이 악이 될 수 있다"라는 것이다. 아렌
트가 주장하고 싶은 것은 자신이 기계적으로 행하는 일에 대해 비판적으
로 사고하지 않는 무사유(thoughtless) 그 자체가 바로 악이라는 의미일
것이다. 홀로코스트 만행은 자신이 하는 행동이 타인에게 어떤 영향을 미
치는지 생각하지 않았고, 나아가 사회적으로 당연시되던 관행이 함께 공
모한 시대적 사건이었다. 사람들은 자신이 속한 사회의 담론 안에서 생각
하고 행동하지만 사회적 관행이 올바름을 뜻하지는 않는다.

"자, 오해 중 하나는 이거예요. 사람들은 평범한 것은 아주 흔하다고도

생각해요. 하지만 내가 말하려던 바는 그게 아니었어요. 나는 우리 모두의 내면에 아이히만이 있고, 우리 각자는 아이히만과 같은 측면을 갖고 있다는 말을 하려던 게 절대 아니에요. 내가 하려던 말은 오히려 그 반대에요! … 아이히만은 완벽하게 지적이었지만 … 너무도 터무니없이 멍청한 사람이었어요. 내가 평범성이라는 말로 하려던 게 바로 그거예요. 그 사람들의 행동에 심오한 의미는 하나도 없어요. 악마적인 것은 하나도 없다고요! 남들이 무슨 일을 겪는지 상상하길 꺼리는 단순한 심리만 있을 뿐이에요. 그렇지 않아요?"

(1964년 요아힘 페스트와 나눈 인터뷰&1973년 로제 에레라와 나눈 인터뷰에서)

우리나라도 학교 체벌, 부랑인 강제수용소, 한센인 강제 단종 수술 등을 시행한 역사가 있다. 지금 생각하면 말도 안 되는 폭력이지만 이런 행동이 지속될 수 있었던 이유는 그 시대에는 그래도 되는 사회적 규범이 있었기 때문이다. 현대 사회에도 2018년부터 2020년까지 성 착취물을 올리며 8개의 채팅방을 만든 "N번방 사건" 같은 경우, 여성을 성적 대상화하고 성을 착취하며 성범죄를 소비하는 문화와 온라인 폭력에 대한 죄의식이 부족한 우리 사회의 모습이 그대로 드러난 경우이다.

미국에서도 콜럼바인 고등학교 총기 난사 사건 주범의 엄마가 쓴 책인 《나는 가해자의 엄마입니다》에는 자신의 자녀가 그런 엄청난 짓을 한 것에 대해 엄마 역시 이해하지 못하는 큰 충격을 받았고, 2011년 연말 대구의 중학생이 집단 괴롭힘으로 자살한 사건의 경우도 가해자 부모는 제 자식을 잘 몰랐다는 문자를 피해자 부모에게 보냈다고 한다. 폭력은 어떤 경우에도 당연한 것은 없으며, 그 일은 전혀 사소하지도 않다.

1) 가정폭력 바로보기

"A house is not a home." 가정은 모두에게 안전할까? 가정폭력은 폭력을 폭력이라 부르지 않을 때 일어나는 일이다. 여성가족부의 〈2019년 가정폭력 실태 조사 연구〉에 따르면 배우자로부터 신체적, 성적, 경제적, 정서적 폭력을 경험한 피해자의 85%가 도움을 요청한 적이 없다. 폭력이 심각하지 않아서, 그 순간만 넘기면 되어서, 부부간에 알아서 해결할 일인 것 같아서 등의 이유이다. 2019년 7월 한 달간 가정폭력 송치 사건을 분석한 경찰청의 자료에 따르면 이혼을 요구받거나 외도가 의심되는 경우 42%의 피해자가 파트너에 의해 생명에 위협을 느낄 정도의 상해·폭행·협박 등의 심각한 가정폭력을 겪는 것으로 드러났다. 지배 욕구를 가진 가해자로부터 피해자가 벗어나려 할 때 발생하는 경우이다. 친밀한 관계 내에서 존재하는 권력의 문제로 피해자 대부분이 여성, 아동, 노인과 같은 가정 내 약자인 경우가 많다.

가족 구성원은 단지 인형이 아니다. 가정 내에서 일어나는 불평등한 힘의 관계에서 기인하는 가정폭력의 어려움은 단지 물리적 폭력만으로 나타나지 않는다. 앞의 동일한 가정폭력 실태 조사 연구에 따르면 이혼·별거 전 배우자에 의한 통제 피해 경험으로는 친구들과 연락하거나 만나지 못하게 했다, 친정이나 본가와 연락하거나 만나지 못하게 했다, 온라인·오프라인에서 누구와 연락을 주고받는지 감시했다, 어디에 있는지 꼭 알려고 들었다, 무시하거나 냉담하게 대했다, 이성과 이야기를 하면 화를 냈다, 바람을 피운다고 자꾸 의심하고 비난했다, 아파서 병원에 가야 할 때도 허락을 받게 했다, 사회활동(직업 갖기, 교육받기, 사회적 성취 등)을 못하게 하거나 허락을 받도록 하였다, 외출 시간이나 귀가시간 등을 허락 받도록 요구했다, 피임을 거부하거나 성관계 도중 합의 없이 피임 기구를 제거하였다 등이다.

가정폭력은 부부싸움과는 다르다. 가족 구성원 사이에 신체적, 정신적, 언어적 피해를 주는 모든 행위를 말하며, 가족 구성원 간의 힘의 균형이 깨진 상황에서 발생하는 가정폭력은 반대로 서로 존중하고 배려하는 동등한 관계에서는 일어나지 않는다. 어떤 나쁜 개인이 어떤 못난 개인에게 어떤 특정한 이유 때문에 폭력을 행사하는 것이 아니다. 다만 그렇게 할 수 있다고 믿는 권력과 위치, 조건이 있을 뿐이다.

2020년 5월 6일 서울 신문에 70대 여성의 재심 청구 기사가 실렸다. "제가 왜 가해자입니까? 저는 무죄입니다. 56년이 지났는데 우리 사회가 바뀌었을까요?" 성폭력 피해자를 가해자로 처벌한 56년 전 사건을 재심해 달라는 '성폭행범 혀 절단 사건'의 여성은 정당방위의 논쟁 속에서 여전히 가해자로 남아 있다. 폭력에 관대한 우리 사회의 문화, 기울어진 폭력과 권력 구조, 폭력의 일상화, 차별, 혐오, 불평등의 문제의 구조와 문화를 어떻게 보아야할까? 한 사회의 분노 표출 방향이 실체를 가진 대상에게로 향하게 되면, 취약한 구성원에 대해 그 사람이 우리의 문제, 위협이 된다는 공동체 내의 담론이 생겨 자신들이 하는 비난과 따돌림을 합리화하게 된다.

가정폭력의 법적 정의는 가정폭력범죄의 처벌등에 관한 특례법 제2조: "가정폭력이란 가정구성원 사이의 신체적, 정신적 또는 재산상 피해를 수반하는 행위"이며, 가정폭력의 사회적 정의는 "가정구성원 사이에서 상대방을 통제하고, 지배하기 위해 반복적으로 신체적, 심리정서적, 성적 학대를 하는 모든 행위"이다. 여기서 가정 구성원이란, 사실상 혼인관계에 있는 자를 포함하여 배우자 또는 배우자 관계에 있던 자, 사실상의 양친관계를 포함하여 자기 또는 배우자와 직계 존비속 관계에 있거나 있었던 자, 계부모와 자의 관계 또는 적모와 서자의 관계에 있거나 있었던 자, 동거하는 친족관계에 있는 자를 말한다.

가정폭력에 파급력은 범죄 현황을 통해서도 확인할 수 있다. 가정폭력은 또 다른 폭력, 성폭력, 학교폭력, 성매매의 씨앗이 된다. 수감자 중 죄 유형별 가정폭력 피해 경험을 보면 성범죄자의 63.9%, 살인자의 60%, 절도 56%, 강도 48.8%, 폭행·상해 48.5%, 사기·횡령 42%에 달하는 교도소 수형자들이 아버지의 음주와 폭력, 어머니의 정서적 학대와 같은 가정폭력에 노출된 경험을 가지고 있다. 이처럼 아동 청소년기의 가정폭력 경험은 성인범죄에 미치는 영향도 크다.

가정폭력의 유형

가정폭력의 특성은 가정 내에서 은밀하게 일어나고 사회적으로 묵인, 허용되는 은폐성이 있다. 단 한 번 실수로 끝나는 것이 아니라 지속적이고 반복되는 반복성이 있다. 그래서 처음 폭력의 경험을 그냥 지나쳐서는 안 된다. 부모세대의 폭력이 자녀세대로 전수 되어 대물림되는 순환성도 있다. 우리 안에는 낯선 천사보다 익숙한 악마를 선호한다는 말이 있듯이 자신의 성향이나 대응 방법에 대한 성찰이 없다면 익숙한 것을 선택하게 된다. 성인 간 파트너에게 가해지던 폭력이 자녀나 부모에게 가해지거나 동물 학대로까지 이어지는 중복성이 있다.

한국여성인권진흥원 가정폭력방지본부(2013)

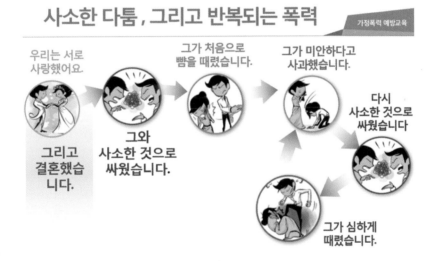

사소한 다툼, 그리고 반복되는 폭력

가정폭력 예방교육

우리는 서로 사랑했어요.

그리고 결혼했습니다.

그와 사소한 것으로 싸웠습니다.

그가 처음으로 뺨을 때렸습니다.

그가 미안하다고 사과했습니다.

다시 사소한 것으로 싸웠습니다

그가 심하게 때렸습니다.

가정폭력으로 접수되는 사건인 가정보호사건의 경우 2014년 전년 대비 46.7%가 증가하였는데 이는 2013년 가정폭력을 '4대악'으로 규정하면서 약 3천~4천 건수가 9천 5백 건 가까이 급증하였다. 이는 그동안 우리 사회에서 집안일로만 치부되던 가정폭력이 단순히 부부싸움이 아니라는 인식으로 변화하는 사회적 분위기와 가정폭력 처벌에 관한 특별법 제정 등으로 지지체계가 구축되면서 드러나게 된 것이다.

2) 가해자 및 피해자 특징

가정폭력 개입 시 유의해야 할 점은 범죄자인 가해자와 피해자가 분리되기 어렵다는 사실이다. 주거 공간이 같은 가족 내 폭력으로 피해자가 장기간 도망갈 곳이 없이 일어나는 범죄이기 때문이다. 폭력은 상대의 자율성을 인정하지 않고 조정하려는 하기 때문에 폭력을 폭력이라 부르지 않을 때 그 다른 이름은 칼로 물 베기, 사랑이라는 이름의 훈육, 갈등, 사랑싸움 등으로 불리기도 하지만 가정폭력은 부부 싸움과는 명백히 다르다. 가정폭력은 더 이상 사랑싸움도 아니고, 가정 내 문제도 아닌 사회적 범죄이다. 무엇보다 가정폭력이 일어나는 현실에서 나 자신이 인식하지 못하는 사이 관객으로서 배역을 감당하고 있지는 않은지 돌아보아야 한다. 무엇보다 친밀한 관계에서 은밀하게 이루어지는 폭력은 반드시 개입해야만 한다.

가해자의 특징은 상대방(약자)을 지배하고 종속시켜도 된다고 생각한다. 자기 방식대로 조종하려함은 물론 자기 생각이나 방식대로 동일하게 생각하고 행동하지 않는 것에 분노한다. 사람을 수단시하는 경향이 있으며 의사소통 기술이 빈약하다. 폭력 행위를 시작하는 사람들에게 많은 욕구는 통제 욕구로 주로 본인이 지시하거나 명령하는 욕구이다. 어떤 사람에게는 통제 욕구가 높지만 조직화된 역할에 따르는 것을 더 편하게 여기는 수동적 통제 욕구도 있다. 타인을 통제하려는 경향은 주로 실패로 갈 확률이 높아서 이들은 좌절을 맛보며 이어지는 분노 조절에 어려움을 가지고 있다. 그러나 한 사람의 역사적이고 맥락적인 상황에서 재조명하다 보면 가해자가 피해자였다가 다시 가해자가 되는 경우도 있어 조심스러운 접근이 필요하다.

피해자의 특징은 피해자라는 구조의 갇혀 있는 경우가 많고 상대방을 늘 탓하며 방어적인 의사소통을 하는 경향이 있다. 피해자는 그럼 '왜 가해자를 떠나지 않았을까?' 피해자는 가정폭력을 이야기하기 어려워한다. 정서적인 애착관계 안에서 일어나기 때문에 자신을 끊임없이 의심하며 보복에 대한 두려움으로 쉽게 신고하지 못한다. 가족은 함께 해야 한다는 강한 신념에 반하는 행동을 하기 쉽지 않으며 특히 경제적으로 의존되어 있을 때는 떠나는 것은 쉽지 않다. 또한 상황에 대한 인지와 판단이 스트레스 상황에서는 부족할 수 있으며, 대안에 대한 정보가 없어서 다른 선택을 하지 못하고 그대로 남는 경우도 있다. 피해자를 비난하는 말은 가해자의 책임을 숨겨 버리는 결과를 가져 온다. 어떤 상황에서도 피해자들에게 필요한 말은 "네 잘못이 아니야"이다.

특히 피해자에게 '아이들을 위해서 참고 살아야 한다, 맞을 이유가 있으니 맞았겠지, 집을 나가든 합리적으로 저항을 했어야지' 등의 편견은 피해자를 더 힘들게 한다. 아내나 엄마의 역할을 참아내고 잘 하면이라는 것은 피해자가 폭력에서 벗어나거나 남는 모든 선택에 대해 비난받게 하며, 손바닥도 부딪쳐야 소리가 난다는 것은 피해자가 폭력 유발자처럼 취급

받게 한다. 또한 피해자들은 집을 떠나도 어디서든 위험에 노출되는 경험을 한다. 심지어 집을 떠나면 살해당할 가능성이 2배 증가한다.

〈지배와 통제의 지표〉 항목의 가해자 지배 지표를 보면 예측 불가한 폭발, 갑작스럽고 이유 없는 폭행, 파트너의 자율성을 손상, 개인의 위생 통제, 화장실 습관 통제, 일정 통제, 식습관 통제, 파트너의 성적 자기 결정권 통제를 사용하려는 경향이 있다. 피해자의 지배 지표는 파트너에 대해 지나치게 보호적이고 방어적이다, 학대를 최소화 하거나 부인한다, 학대가 다시 일어나지 않을 것이라고 믿는다, 정서적으로 무기력하거나 무감각하다, 아동기에 학대를 경험했거나 혹은 목격했다, 파트너의 문제점을 스트레스로 확대하거나 합리화한다, 학대를 자신이 유발하였다고 믿는다, 타인이나 파트너의 지시나 허락 승인에 의존적이다, 파트너가 더 중요하다는 신념을 갖고 있다, 자신을 약하고 의존적이면 파트너가 필요한 존재로 여긴다고 생각하는 경향이 있다.

3) 사건 처리 절차 및 폭력의 영향력

자발적인 상담 이외에 가정폭력으로 인한 위기 시 상담이 강화되어 법원의 상담 명령과 조정 명령 권고가 증가하였다. 특히 아동학대로 인한 아동복지법 위반인 경우는 판사가 전문가의 진단(심리상담)을 통해 상담자의 의견을 요청한다. 가정폭력 사건에 상담명령이 어떻게 개입되는지 절차상으로 이해해 보면 다음과 같다. 가정폭력 사건이 발생하여 112 신고가 접수되면 경찰은 바로 출동해서 현장을 반드시 확인해야 한다. 행위자는 폭력 제지와 수사 및 경고를 받게 된다. 피해자는 가해자로 부터 분리되어 의료기관이나 보호시설 등으로 인도된다. 다만 현실에서 피해자는 자녀돌봄, 직장출근 등의 염려로 다시 가정으로 복귀하는 경우가 많다. 사건이 접수가 되어 경찰에서 검찰로 넘어가면 심한 경우는 일반 형사 사건으로 그 외에는 가정보호 사건으로 분류가 된다. 이후 법원에서 전과 기록이 남는 일반 형사상 사건으로 처리하는 경우는 적으며, 대부분 전과 기록이 남지 않은 가정보호건으로 처리된다. 이때 내려지는 8개의 보호처분 명령 중 상담은 8호 처분으로 상담 위탁이 이루어진다. 가해자들은 6개월에서 1년 정도 가정폭력 전문기관 상담소에서 상담을 받게 된다. 5호 보호관찰 처분은 준법지원센터(구. 보호관찰소)에서 40시간 이상의 집단 교육을 출석해야 한다.

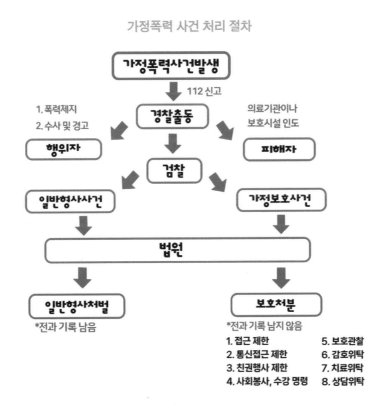

가정폭력 사건 처리 절차

가정폭력이 일어나게 되면, 피해자는 파트너에게 상처를 받아 상대방에 대한 친밀감과 상실감, 분노, 우울, 불안, 무력감, 무가치감을 경험하며 자존감이 낮아진다. 삶의 의욕이 상실되고, 화병 등 신체화 증상이 나타난다. 가해자의 경우는 더 높은 스트레스와 분노, 수치심과 자신에 대한 혐오감등을 경험하게 된다. 그러나 그럼에도 다른 의사소통 기술이 빈약하거나 파트너 학대 유형의 사람이라면 폭력이 상습화된다. 자녀의 경우 상처를 받아 부모에 대한 친밀감과 신뢰감을 상실하고 내면에는 적개심, 분노, 불안, 절망감을 경험하게 된다. 따라서 가출이나 청소년 비행과 같은 증상이 나타날 수 있다.

폭력에 대한 경험은 그 순간이나 단기적으로 스트레스를 풀거나 분노를 표출하여 본인의 감정을 분출할 수 있으며, 상대방에 대한 통제력을 획득하여 자신이 원하는 대로 따르게 하는 효과가 있다. 그러나 반면 장기적으로 보면 훨씬 더 많은 영역에 부정적 영향을 미친다. 우선 가해자는 자기 자신의 존중감을 상실하고, 수치심을 가지게 되어 더 높은 긴장과 분노, 스트레스를 경험하게 된다. 부부 관계에서는 진정한 의미의 힘과 통제력을 오히려 상실하게 되고, 친밀감과 신뢰감도 잃게 된다. 자녀들에게도 상처를 주어 자녀들의 불안이 높고, 부모 자녀 관계의 신뢰나 친밀감을 상실하게 된다. 법적 처벌도 받을 수 있으며, 친구나 직장을 잃을 수도 있다.

[가정폭력을 경험한 자녀가 구성한 가족]

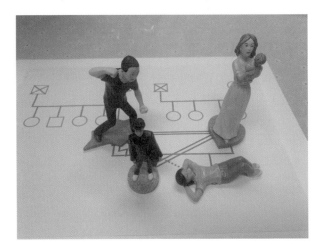

[가정폭력을 경험한 아내가 구성한 가족]

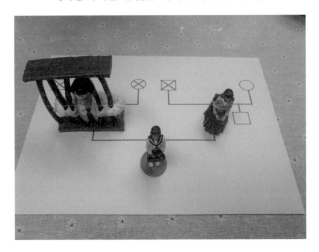

4) 가정폭력 개입 시 유의사항

가정폭력이 발생한 가정에 개입 시 유의사항은 첫째, 폭력 재발 가능성을 확인하고, 폭력 중지 및 피해자의 안전조치를 확인해야 한다. 가해자와 피해자와 공간을 분리하여 개별적 개입이 우선 필요하다. 분명한 점은 부부의 불화는 공동의 책임이지만 폭력은 전적으로 행위자의 책임임을 인식하고 폭력의 재발 가능성을 평가해야 한다. 폭력 행위가 경미하다 하더라도 처음 발생이 아닐 수 있음을 꼭 확인해야 한다. 신체 폭력이 드러나 어떤 처분이나 상담을 받게 되면 행위자의 신체적 폭력은 줄어드는 반면 언어폭력이 심해지는 경우가 많다. 그래서 언어폭력, 정서적 학대, 경제적 통제도 가정폭력임을 꼭 알려 줘야 한다.

둘째, 가해자의 자기주장적 폭력인지 병리적인 배우자 학대인지를 꼭 구별할 필요가 있다. 단지 갈등 상황 시 분노 폭발인지, 가족들에 대한 학대인지 확인해야 한다. 갈등이 심한 경우라면 행위자 특성상 대인 관계에서의 의사소통 기술이 부족하고, 자원이 빈약하며, 역기능적인 원가족에서의 다세대 전수 탐색 등 맥락적 이해가 필요하다. 또한 강요된 내담자들이기 때문에 비합리적인 신념을 확인하고, 의사소통 기술의 향상은 물론 비폭력 대화법을 알려주고 감정반사 행동을 줄여 분화도를 높일 수 있는 상담으로 진행해야 할 것이다.

셋째, 피해자 상담의 경우 피해자 구조에 갇히지 않도록 공감하고, 상대방을 탓하는 것으로 부터 탈맥락화해야 하며, 방어적 소통에 대한 패턴을 파악해야 한다. 특히 최근에는 쌍방폭력임을 주장하는 사례가 늘고 있어 그 이면을 잘 탐색해야 한다. 결과적으로는 쌍방 간의 폭력처럼 보일 수 있지만, 가해자의 폭력에 대한 피해자의 방어적 행동일 수 있다. 예를 들어 자녀에 대한 폭력을 막기 위한 방어로서의 폭력이거나 향후 벌어질 가해자의 폭력을 통제하기 위한 행동 등 여러 가지 복잡한 이유로 피해자의 방어가 쌍방 폭력으로 나타날 수 있음도 기억해야 한다. 그러나 가정폭력에 쌍방학대는 없다. "너 죽어라" 하는 분노와 "나는 죽고 싶지 않다"의 공포는 완전 다른 것이기 때문이다.

넷째, 법원 의뢰 상담인 경우 협의 이혼한 자녀들의 비행율이 높은 것으로 나타나고 있어서 최근 자녀의 복리를 위해 이혼 시 상담 명령, 권고, 조정 상담이 많아졌다. 가정폭력은 또 다른 폭력의 씨앗이기 때문에 진단과 함께 관계 개선 증진을 위한 상담이 이루어져야 할 것이다.

마지막으로 재발 방지가 무엇보다 중요하다. 신체적 폭력 외에 언어폭력, 신체적 폭력, 경제적 통제, 방임등도 가정폭력임을 가해자에게 명확히 권고하여 가정폭력에 대한 인식을 개선하고 가정폭력재발 방지에 힘써야 할 것이다. 다층적 접근을 위해 지역 내 유관 기관들과의 네트워킹을 통한 피해자 지원 및 가해자 재발 방지를 위한 통합 서비스를 연계할 수 있다. 여성긴급전화 1366에서는 365일 24시간 위기 개입상담을 통해 초기 지원을 하고 있으며 지역 관련기관(쉼터 등)으로 연계한다. 가정폭력전문 상담소는 상담 및 가해자 교정 및 치료 프로그램과 피해자 회복지원 프로그램을 운영한다. 피해자 보호시설에서는 숙식제공은 물론 상담 및 치료, 의료를 지원하고, 취업프로그램 및 직업 훈련을 통해 자립을 지원한다. 동반 자녀를 위한 비밀 전학, 학업, 심리 치유 등의 서비스도 제공한다. 기타기관으로는 대표적으로 대한법률구조공단(132), 한국가정법률상담소(1644-7077), 범죄피해자지원센터(1577-1295), 해바라기 센터 등이 있다.

상담자의 자세로는 가정폭력 상담 시 자발적 상담의 경우는 유교적 가치가 지배하는 한국 사회적 특성을 고려하여 약한 부부 체계를 강화하는 것이 폭력예방에 도움이 될 것이다. 힘의 균형이나 하위 체계를 강화하고 경계선을 살펴본다. 가정 내 폭력은 은밀히 이루어지기 때문에 반드시 개입해야 하는 것이 매우 중요하다. 상담자의 가정폭력 통념에 관한 인식도 높여야 할 것이다. 그렇지 않을 경우 피해자에게 2차 피해를 가할 수 있다.

경찰에서 의뢰된 비자발적 상담의 경우에는 상담 명령 전 단계의 권고 상담인 경우가 많다. 강제성은 없지만 변화의 시작이 될 수 있다. 비자발적일 뿐 아니라 강요된 내담자와의 상담에 임하는 상담자의 자세로는 가정폭력은 개인의 문제가 아닌 사회의 문제라는 민감한 인식이 선행되어야 한다. 폭력의 영향력을 탐색하고, 가정폭력이 사회적 범죄임을 인식시켜야 하며 나아가 사회적 담론, 왜곡된 신념 등 문제가 발생하는 순환적 지점에 대한 이해가 필요하다.

무엇보다 위기 상담의 기본적인 목표는 위기 이전 상태로 회복되는 것이며, 다양한 심리적 증상 및 고통을 해소하는 것이다. 위기에 처해 있는 사람의 아픔에 대해서 부정적인 면이 아닌, 건설적이고 긍정적인 성장의 기회가 되도록 도울 필요가 있다. 상대방과의 소통의 경험을 역사 속에서 이해하다 보면 가해자 역시 피해자 경험에서 시작된 맥락이 존재할 수도 있다. 상대방과의 경험의 차이에 따른 낯선 거리를 인식할 때 다양한 가능성을 열어둘 수 있어 상대에 대해 다 '알지 못함(not knowing)'의 열린 자세가 무엇보다 필요하다.

3. 가족 내 문화적 다양성

고령화 저출산과 더불어 다문화 사회로의 변화는 한국 사회의 인구학적 특징이 되었다. 한국도 이제는 다문화 인구를 받아들이는 것이 선택의 문제가 아닌 필수가 되었고, 어떻게 받아들이고 적응할 것인가 더 중요한 문제가 되었다. 다양한 인종과 민족적 소수자를 비롯한 성별, 성적지향, 종교 등 여러 문화적 배경을 가진 사람들이 함께 살아가는 다문화 사회가 되었기 때문이다. 글래이저(N. Glazer) 는 우리는 이제 모두가 다문화주의자라고 하며, 패터슨(C. H. Patterson)도 "모든 상담은 다문화적(All counseling is multicultural)"이라고 말한다.

다문화 사회란 단순히 서로 다른 민족이 결혼과 취업 등으로 혼합되어 살게 된 사회의 형태만을 의미하지는 않는다. 진정한 다문화 사회는 서로 다른 이질적인 것들과 만남으로 인해 발생하는 갈등과 모순 속에서 서로에 대한 타자성을 인식하고 자신이 확장되는 경험으로 변화가 일어나는 사회를 말한다. 따라서 이러한 다문화 사회에서 상담자로서 출신 집단에 대한 고정관념을 갖지 않도록 차이를 강조하지 말아야 하는 것인지, 아니면 오히려 다문화적인 이해의 소양을 갖추기 위해 별도의 타문화에 대한 지식이 필요한지에 대해 고민하게 되지만 그 답은 쉽지 않다.

교육과 상담의 과정에서 발생하는 두 사람의 만남은 두 세계의 만남이며, 두 문화의 만남이다. 하나의 문화가 사라진 사회(환경)에서 서로 다른 문화와의 차이에 대한 이해는 관계를 발전시키는 데 있어 매우 중요한 고려의 대상이 되어야 할 것이다. 한 사람을 깊이 이해하기 위해서는 그 사람이 성장한 가족과 사회의 특징을 잘 이해해야 하며, 같은 이유로 어려움과 고통을 이해하는 데도 이러한 맥락은 중요하다. 문제의 촉발 요인이 그가 성장한 환경의 문화적 배경과 지금 살고 있는 현실과의 불일치나 부조화에서 기인할 수 있기 때문이다.

따라서 다문화 부모교육 및 상담은 정신역동 관점이나 인본주의, 행동주의 같은 전통적인 상담 이론의 대체이기보다는 문화적 맥락을 그 중심에 놓아야 할 것이다. 그렇다면 한국 사회가 가진 다문화 가족들의 위기와 갈등을 어떻게 접근해야 할까? 필자는 다양한 차이를 수용하고 존중하는 돌봄은 어떤 지향점을 가져야 하는가에 대한 응답으로 해석학적 관점을 통해 대화를 시도해 보고자 한다.

김현경은 '사람'이라는 말은 사회 안에 '자기 자리가 있다'는 말과 같다고 한다. 더글러스(Mary Douglas)는 '더럽다는 것은 제 자리에 있지 않다는 것'이라고 하는데, 신발 그 자체로는 더럽지는 않지만, 식탁 위에 두기는 더럽고, 밥그릇이 침실에 있으면 더럽다는 예를 든다. 1863년 노예해방 선언이 있기 전 우리는 흑인이 백인 전용 공간에 들어가면 더러웠던 역사가 있었고, 인종차별은 지금까지도 그림자로 남아 있다.

외국인에게 사회의 구성원으로 성원권을 부여하는데 '동화나 적응'을 조건으로 내걸어서는 안 된다는 최근의 다문화 사회에 대한 발전된 사회적 시각들은 '초대의 환대'에서 '방문의 환대'에 대한 확장으로 나아가도록 안내해 주고 있다. 내가 초대한 사람만 환대하는 것이 아니라 방문하는 사람들을 환대한다면 우리가 먼저 살고 있던 선주민으로서 이주민들을 환대하는 것이 낯설지만은 않게 여겨진다. 우리를 사람으로 만드는 것은 추상적인 말이 아니라, 우리가 매일매일 다른 사람들로부터 받는 대접인 것이다. 한국 사회로 온 이주민들이 자신의 자리를 찾아가는 여정에 우리는 어떻게 참여할 수 있을까에 대한 고민은 다문화 사회 내 건강한 관계의 포물선을 확장시켜 나가는 시작이 될 것이다.

1) 한국 사회의 다문화 자화상

우리가 경험한 평등함이 있다면 그건 우연히 주어진 것이 아니며, 심지어 우리는 평등하게 태어나지도 않았다. 한나 아렌트는 "우리가 상호적으로 동등한 권리를 보장하겠다는 한 사회의 결정에 따라 그 집단원의 구성원으로서 평등하게 되는 것"이라고 한다. 우리의 삶은 이야기처럼 '얽힘'을 통해 드러나는데, 한국 문화와 이주민들의 문화라는 이질적인 가닥이 얽혀 짜인 무늬를 통해 드러난 한국 사회의 자화상을 살펴보고자 한다.

1950년대부터 1970년대까지는 주로 한국 전쟁으로 주둔했던 미군 병사와 한국 여성들의 결혼이었다. 그러나 그 시대의 국제결혼은 남편의 본국으로 이주해서 국제결혼 문제가 한국 사회의 크게 드러나는 문제는 아니었다. 이후 1980년대 말부터 1990년대에 이르러 한국과 중국의 수교가 활발해지면서 한족 여성과 농촌 총각의 결혼, 조선족의 취업 이주가 활발해졌다. 2002년 이후에는 동남아시아 출신의 여성과 한국 남성의 결혼이 급증했고, 한국 사회에 정착하는 가정들이 많았기 때문에 한국도 다문화 사회로 빠르게 진입하였다. 다만 2020년부터 2년 정도는 팬데믹 시기의 세계적인 셧다운으로 국내 체류 외국인의 수가 잠시 줄어든 것으로 나타났다.

| 우리나라 외국인 현황

(단위:명)

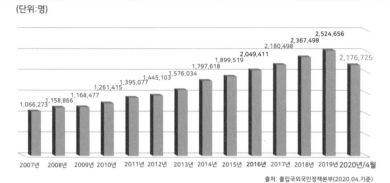

출처: 출입국외국인정책본부(2020.04.기준)

✓ 국내 체류 외국인, 전체인구의 약 **4.2%**
✓ 2016~2019년 4년 동안 평균 매해 증가율 **6.65%**
✓ (코로나로 인해) 전년대비 **13.8% 감소**

　한국의 사회적 맥락 속에서 다문화 결혼이 단지 개인의 문제가 아닌 한국 사회의 돌봄이 필요한 영역으로 인식되어야 하는 이유는 통계청 자료를 보면 더 명확해진다. 결혼 이주여성을 중심으로 자료를 살펴보면, 2021년 외국인 아내와의 혼인은 초혼 6,059건, 재혼 2,924건, 미상 2건으로 총 8,985건에 비해 이혼율은 총 4,315건에 이른다. 결혼 이주여성의 유입과 동시에 이혼율 역시 높아 자기 나라의 정체성과 문화를 유지할 완충지대 없이 바로 가족으로 편입되어 문화적 충돌이 가정의 위기로 이어지고 있다. 그리고 그러한 위기는 자녀들이 당하는 차별이나 학교폭력 경험으로 드러나고 있는 현실이다.

　최근에는 오히려 다문화 가정이라는 말이 차별성을 내포하는 단어가 되어 필자의 인근 중학교에서는 과반수 이상의 다문화 가정 자녀가 자신이 다문화임을 밝히는 것을 불편해하며 어떤 지원도 받지 않겠다고 했다고 한다. 나머지 아이들에게 지원이 쏠리는 현상이 발생하기도 하였다. 심지어 담임 교사가 아이를 이름 대신 '다문화'라고 부르기도 한다는 이야기를 들으며, "박탈은 공동체 외부로부터의 추방이 아니라, 내부적 배제라는 점"을 강조한 주디스 버틀러(Judith Butler)의 말을 떠올리기도 하였다.

결혼 이주여성의 지위는 남성의 이주 노동에 비해 주로 결혼, 돌봄, 보건 등 재생산과 관련되거나 매춘과 같은 부분에 집중되어 있다. 결혼 이주여성은 가정에서 가부장적인 가족 규칙에 따라 순응하기를 요구받으며 아내, 며느리, 어머니로서의 돌봄 역할에 충실해 줄 것을 요구받는다. 그 과정에서 마주하게 되는 자신의 사랑하는 모국은 한국 사람들에 의해 폄하되어 재탄생되는 경험을 한다. 이주민들이 자신이 떠나온 모국에 대한 적절한 의미를 사회로부터 부정당하게 된다면, 심리적으로 고통스러운 자기 비하와 낙심 또는 나르시시즘으로 빠질 수 있다. 사회나 가족 전체가 하나의 체계로서 기능하고 있는 유기체적인 관점에서도 이러한 맥락을 개인의 문제로만 볼 수는 없을 것이다. 보웬(M. Bowen) 역시 이러한 사회정서 과정이 가족에게 미치는 영향을 매우 중요하게 보았다.

우리나라는 건강가정기본법 제15조에 의하여 [건강가정기본계획]을 5년마다 수립해야 한다. [제1차(2006~2010), 제2차(2011~2015), 제3차(2016~2020), 제4차(2021~2025)] 수립한 가족 정책 성과와 가족의 변화 등을 기반으로 하여 수립된 제4차 건강가정기본계획의 정책 과제 중 첫째는 세상 모든 가족을 포용하는 사회 기반을 구축하는 것이다. 그리고 그에 따른 하위영역 중 하나로 가정폭력 대응 강화 등 가족 구성원의 인권을 보호하도록 되어 있다.

여기에 결혼 이민자에 대한 인권 보호가 가정폭력 대응 강화 정책에 포함되는 현재 한국 사회의 모습을 마주하고 인식할 필요가 있을 것이다. '우리는 평등한가?'라는 아주 본질적인 물음을 갖고 고민하며 결혼 이민자들의 생생한 목소리를 들어야 한다. 그런데 여기서 '우리는 어떻게 들을 수 있을까?'라는 고민이 한층 더 깊어진다. 사적인 영역은 종종 정치적으로 배제되거나 비가시화 되는 경우가 흔한 현실이다. 그동안 한국적 사유로만 파악되던 한계를 넘어, 그들의 관점에서 전개되는 이야기가 들려질 필요가 있다.

여전히 동남아시아에서는 취업을 위한 수단으로서의 국제결혼이 광고되고 있는 현실에서 결혼을 통해 한국에 입국한 이주여성들의 언어 및 신체 폭력 등 인권유린의 문제와 법적 지위의 불안정한 문제들이 존재한다. 현장에서 만난 다문화 부부는 부부로서의 정체성을 형성하는 데 어려움을 겪고 있어 보였다. 결혼 이주 여성은 연령이 20대 초반으로 낮아 생애 주기상 개인의 정체성을 세워가는 과정에 있기도 하였고, 경제적인 지원에 더 많은 관심이 있는 경우도 있었다. 또한 한국 배우자의 경우는 자신에게 익숙한 가부장적인 태도로 배우자와 관계를 맺고자 하는 경향이 있어 양쪽 모두 가족을 형성하는 것에 대한 인식과 준비가 상대적으로 부족해 보였다.

필자가 만났던 한 결혼 이주 여성은 일과 사랑에 있어 잘 기능하는 성숙한 성인기에 자연스럽게 이루어진 결혼이라기보다는 단지 이웃 사람이 한국으로 시집가서 잘 살고 행복해 보이는 것이 부러워 결혼을 결심하였다. 그녀는 21세에 한국으로 시집을 왔으나 남편의 폭언과 폭행을 견디지 못하고 이혼을 결심하게 된 것이다. 무엇보다 가족에게 많은 사랑을 받던 막내딸로 자신의 오빠들을 자랑스러워하던 여성이었다. 그러나 남편은 오빠들이 직업이 없다는 이유로 무능력하다며 무시하였고, 전기도 들어오지 않는 곳이라는 이유로 자신의 가난한 집과 모국에 대해 폄하되는 말을 들어야만 했다. 또한 남편은 아내의 이름이 부르기 어렵다는 이유만으로 한국 이름을 지어주고는 그렇게 쓰도록 강요하였다. 그녀는 친구들이 있었던 학교와 노모가 있는 집을 그리워하였으며, 고향이나 가족에 대한 이야기가 나오면 말을 하지 못하고 울기만 하였다. 눈물은 언어가 정확하게 소통되지 못하는 이국땅에서 다른 어떤 것보다 진솔한 이야기들을 담고 흘러내렸다.

이처럼 결혼 이주 여성에게 모국은 부재한 현실에서 오히려 더 강하게 재탄생되는 과정을 거치게 된다. 왜냐하면 경제적인 예속으로 맺어진 혼인 관계를 살아가면서 그들은 자신이 속한 한국이라는 나라가 주는 모국에 대한 이미지와 표현되는 텍스트들 속에서 자신의 사랑하는 대상인 모국을 다른 의미로 만나는 사건을 매 순간 경험하게 되기 때문이다. 다문화 가족들을 만나면서 필자는 한국적 사유로만은 파악되기 어려운 결혼 이주여성의 관점에서도 전개되는 이야기가 필요함을 느꼈다.

왜냐하면 다문화 가정을 이룬 결혼 이주여성들에 대해 우리가 가진 담론이 너무 폭력적이고 일방적임을 발견했기 때문이다. 의존에 대한 새로운 정의가 필요함을 주장하는 스타이버(Irene P. Stiver)는 건강하지 못한 의존이나 건강하지 못한 독립이 소외를 가져옴을 지적하고 있다. 결혼은 무엇보다 상호성에 의해 부부 관계의 친밀함이 유지되고 확장될 수 있다. 그러나 결혼 이주 여성들은 우리 사회의 인식과 결혼이라는 제도 안에서도 서로 이질적인 것으로 인해 배타적인 타자로서 존재하고 있었다.

이러한 사회적 흐름 가운데 우리나라도 이제 다문화 가정이 더 이상 특별한 가정은 아니지만, 한국 사회로 이주해 온 여성들은 처음에는 모든 것이 낯설고 새롭기만 할 것이다. 이때 증가할 수 있는 불안과 스트레스를 담아주지 못하고 너무 서둘러 우리 문화로의 적응과 소통에 대해 강요만한 것은 아닌지 되돌아보아야 할 것이다.

폴 리쾨르(Paul Ricoeur)는 삶의 이야기에 종결을 가져오는 것은 죽음이 아니라 타인의 해석이며, 이야기의 정체성을 갖기 위해 반드시 타인과 상호작용을 해야 한다고 한다. 아울러 타자성을 통해 자신의 이해에 이르게 된다는 리쾨르의 관점은 다문화 상담에 임하는 상담자의 태도에 도전을 주고 있다.

인간의 자기 이해와 세계에 대한 이해는 철학의 꾸준한 탐구 주제였다. 가다머(Hans-Georg Gadamer)는 현재의 지평을 끊임없이 형성되는 과정속에 있다고 보았으며, 오히려 이해라는 것은 서로 무관하게 보이는 상이한 지평들의 상호 융합과정에서 일어나는 것으로 보았다. 서로에게 상이한 지평들이 존재함으로 우리는 이질적인 생각들을 통하여 사유할 수 있는 동기를 부여받게 되고, 이를 통해 우리는 타자와 이야기를 시작할 수 있다. 이러한 이해를 통해 한국 사회도 다문화 가정이라는 명칭이 따로 필요하지 않을 만큼 서로에 대한 이해의 지평을 확장해 나갈 수 있을 것이다.

2) 애도의 과정으로서 안아주기

다문화 가족의 한국 사회 적응과 가족의 현실적인 필요에 관련한 연구에 비해 결혼 이주 여성들이 구조적으로 가지고 있는 모국을 포함한 원가족 등 상실에 대한 애도를 다루고 있는 연구가 부족하며, 그 과정의 중요성도 드러나 있지 않다. 결혼 이주여성들이 충분한 애도의 과정을 통해 모국에 대한 상실을 마주하고 그 상실과 함께 살아갈 수 있을 때 한국에서의 진정한 소통과 새로운 적응이 시작될 것이라 여겨진다. 왜냐하면 애도는 사람의 정신 건강에 중요한 부분이며 애도가 충분히 이루어지지 못할 때 우리는 우리 자신이나 타인에 대해 새로운 관계 형성하기 어렵기 때문이다.

애도는 특별히 사랑하는 사람에 대한 상실을 이야기하기도 하지만 모든 종류의 상실을 포함할 수 있다. 프로이트는 슬픔을 보통은 사랑하는 사람의 상실이지만, 사랑하는 사람의 자리에 대신 들어선 어떤 추상적인 것, 즉 조국, 자유, 어떤 이상 등의 상실에 대한 반응이라고 하였다. 애도는 현실에서 사랑하는 대상이 더 이상 존재하지 않음으로 인해 그 대상에게 부과되었던 모든 리비도를 철회시켜야 한다는 요구에 반발하기도 한다. 그런데 이때 반발심이 너무 강하다 보면 현실에 등을 돌리는 일이 일어나게 된다고 보았다.

현실에 대한 인식이 우세하긴 하지만 서서히 많은 시간이 흐르고, 많은 에너지의 소비가 있고 난 후에야 현실의 요구와 명령을 받아들일 수 있게 된다. 물론 살아가면서 어떤 기억이나 기대가 다시 되살아나 리비도를 활성화시키기도 하지만 현실에 대한 존중 가운데 리비도의 일탈도 이루어지는 현실적인 타협에 이르게 된다. 이처럼 진정한 애도란 우리가 상실한 대상의 흔적을 지우는 것이 아니라 평생을 통해 지속해 나아가야 하는 과정이라고 하였다.

또한 애도란 산자가 떠나보낸 자에 대한 감정적 애착을 차단한 것이다. 이러한 과정을 성공적으로 거쳐야 남은 자는 그 에너지를 다른 대상에게 보낼 수 있게 된다. 그러나 애도를 스스로 거부하거나 외부 환경으로 인해

제때 애도하지 못한 경우 남은 자는 상실에 대해 미해결된 감정을 가지고 자신을 공격하게 된다. 사랑하던 대상은 상실되고 없는데 그것을 받아들이지 못하거나, 상실된 대상에 대해 적절한 의미가 사회로부터 부정되었을 때 자살, 자기 비하, 또는 나르시시즘으로 빠지게 되며, 프로이트는 이를 우울증이라고 보았다. 애도의 과정에서 나타나는 고통스러운 낙심 등은 우울증과도 비슷하지만 자기 처벌적이지는 않다. 우울증은 분명하지 않은 무의식적인 기분으로 결국은 자아가 빈곤해지는 것이지만 애도는 분명한 대상이 있고 의식적이기 때문에 빈곤해지고 공허해지는 것은 세상이다.

특히 동남아시아에서 이주해 온 여성들은 어린 나이에 혼인이 이루어지며 자신의 정체성에 대한 감각이 형성되기 이전에 결혼을 하는 경우가 많다. 현실에서 자신의 정체성은 화폐가치와 물물 교환되는 상징성을 갖는다. 그들이 선택한 것이 과연 그들 스스로가 한 선택이었을까? 이러한 결혼 이주 여성들의 수단화는 결국 이혼 등과 같은 가족의 해체로 이어져 배우자 및 자녀들에게 그 피해가 고스란히 새겨지고 있다. 이런 상황에서 결혼 이주 여성들의 문제는 더 이상 개인의 문제만은 아닌 것이다.

리쾨르는 사람들이 소외되어 보이는 것을 용납하지 않는다. 결혼 이주 여성의 본국에 경제적인 지원을 해 주었다는 이유로 정서적인 소통 없이 권위적이고 지배적인 태도만을 고집하는 한국인 남편이나 외국인 며느리를 가족 모임에 소개시키지도 않고 참석을 배제함으로 존재감을 무시하는 가족 안에서의 소외 문제는 드러난 현실이다. 자신의 배우자를 수단화한다면 본인 역시 결혼 생활이라는 항해에 있어 암초를 향해 조금씩 나아가고 있는 안타까운 결과를 초래할 것이다. 하지만 타인과의 관계에서 타인이 동반해 주는 슬픔을 경험하는 애도의 과정이 잘 진행된다면 상실이라는 사건이 우리에게 주는 변화된 의미의 선물을 마주할 수 있을 것이다. 그러기 위해 가족, 특히 배우자와의 진정한 관계는 필수적이다.

해석학은 언제나 삶의 경험을 재생산하는 것을 추구한다. 리쾨르는 이국적인 것이 주는 생소함을 진지하게 받아들이지 않고 지나치게 자국적인 것에만 집착하는 태도에도 애도의 작업이 필요함을 지적한다. 자국 문화만 지나치게 신성시하는 것이야 말로 일종의 저항이며, 그 자신의 문화가 최고라는 자만에 빠지기 쉬움을 경고하고 있다. 임상 현장에서 한국 배우자들이 결혼 이주 여성의 모국어를 배우기 위해 애쓰는 경우는 거의 드물었으며, 배우자가 한국말을 잘 알아듣지 못하는 경우 화를 내거나 짜증을 내며 무시하는 경우도 자주 있었다.

이러한 관계성에 대한 형성은 그것을 규정하는 사회의 문화와 관행, 정보들과 불가피하게 함께 얽혀 있다. 단순하게 자아가 사회적인 구성물이라고만 말하는 것만으로는 도움이 되지 않는다. 따라서 우리는 결혼 이주여성들과의 사회적 상호작용에 대해 더 이상 암묵적이거나 국지적인 이해만을 강조하는 담론에서 벗어나 우리 사회의 그림자처럼 분리시킨 결혼 이주여성들의 상실에 대해 함께 동반하는 애도의 과정이 필요하다.

3) 해석학과 다문화 가족의 만남

'번역의 가능성'과 '번역 불가능성'이라는 역설을 이야기하는 리쾨르의 해석학은 이국성을 띠는 다문화 상담을 이해하는데 있어 우리에게 많은 통찰을 제공해 주고 있다. 텍스트는 읽는 사람에 따라 다르게 읽힐 수 있다는 '텍스트의 의미론적 자율성'은 번역과 해석이 공유하는 외형에서 결혼 이주여성에 대한 내면적인 관계를 형성할 수 있는 충분한 가능성을 발견할 수 있게 해 준다. 간혹 텍스트와 저자의 의도가 다르다는 것은 원전의 문제가 아니라 해석자나 독자의 문제일 때가 많다. 리쾨르는 번역가가 폭넓은 읽기를 통해 원전의 문화와 정신에 깊이 침잠하면서 텍스트에서 문장으로, 그리고 후에 단어 차원으로 내려가야 한다고 말한다. 하지만 번역은 그 적절성과 좋음을 결론 내릴 절대적이고 최종적인 기준이 없다는 것이다. 결국 완벽한 번역이란 있을 수 없고, 두 언어 간의 차이는 근본적으로 극복 될 수 없다.

또한 의미상의 등가를 추정하는 등가 관계는 번역가에 의해 생산되는 것이지만 이는 문제의 해결이 아닌 시작을 알릴 뿐이다. 하지만 바로 이 지점이 번역 불가능성이 번역 가능성과 공존하는 공간이 된다. 번역가의 최종 작업인 등가 관계 안에서 생산된 창의적인 최종적인 단어의 개념들은 '해석 활동의 생산성'을 보여 주는 것이고, 해석자의 '이해 지평의 확장'을 가리킨다. 결국에는 다른 텍스트의 세계를 독자의 세계로 가져오는 자기화(appropriation)의 과정을 거치게 되는 것이다. 리쾨르는 "번역 불가능의 문제가 불가능한 번역의 문제는 아니"라고 이야기한다. 즉, 불가능한 번역의 문제가 아니라 확장 가능성의 문제라는 것이다.

더 나아가 다문화 시대에 번역과 해석의 운명을 인간의 조건으로 여기며, 그 운명을 인간의 능력으로 파악하고자 하였다. 이렇게 타자의 언어를 배우다 보면, 자기의 언어인 모국어가 여러 언어들 중 하나에 불과하다는 관점을 갖게 되고, 이러한 과정은 인간의 자기 해석학의 여정에 중요한 매개체가 된다는 것이다. 어려움에 처한 가족들은 각자 자신의 해석도 함께 가지고 온다. 번역가가 폭 넓은 읽기를 통해 원전의 문화와 정신에 깊이 침잠하면서 텍스트에서 문장으로, 문장에서 단어 차원으로 내려가듯이 대화의 장면에서 드러나는 낯선 세계의 긴장을 견디며 일어난 사건에 대한 의미를 조금씩 구체화하는 가운데 상대방의 언어를 배우며 그 지평을 확장해 나갈 수 있을 것이다.

멕시코에서 온 한 이주여성은 시어머니의 치매와 중풍에 대한 간호를 혼자 떠맡게 된 것보다 그것을 당연시하고 함께 해결하려 하지 않는 남편이나 다른 가족들에 대한 상처로 한국을 떠났다. 그녀는 "아무도 없어요. 아무도 없어요"라며 분노를 드러내었다. 다문화 가정의 어려움 중 하나는 부부 사이나 가족들 간의 소통이 원활하지 못해서 오는 정서적인 소외이며, 이로 인해 힘들어하는 아내의 모습은 다문화 가정에서 자주 발견할 수 있었다. 남편은 아내가 한국말을 잘하지 못하는 것에 항상 불만을 가지고 있었고, 아이의 학습 부진을 엄마가 한국말을 능숙하게 하지 못하는 것으로만 그 원인을 돌리고 있었다. 부부 사이에서 말이 통하지 않으면 "말하면 알아듣지도 못하는 게…"라며 무시하고 대화하지 않는 남편의 태도에서 아내는 어떤 대화보다 많은 의미를 읽어낸 것 같았다.

다문화 가정이 소통함에 있어 전제일 수 있는 번역과 해석의 문제가 간과되고 있는 현실에서 한국 배우자가 상대방의 모국어를 배우려는 태도와 노력은 그들의 애도 과정에 동반하며 다문화 가정에 대한 이해의 지평을 확장해 가도록 도울 수 있다. 이러한 '언어적 환대'는 서로의 존재에 대한 깊은 이해와 해석을 공유하는 가운데 진정한 소통의 시작을 가져올 것이다.

4) 자기성과 타자성의 변증법

해석은 주체가 있어야 가능하며 주체에 따라 그 내용이 달라지기도 한다. 주체를 인식하는데 있어 가장 중요한 것이 타자성이라는 리쾨르의 주장은 어떻게 절대적 타자성을 자기에게로 환원시키지 않으면서도 자기화할 수 있을까? 라는 질문을 갖게 한다. 타자성은 '고유한 신체 혹은 육신', '타인의 타자성', '의식(양심)'으로 나눈다. 자기 동일성의 문제로 고유한 신체의 타자성은 내면성과 외재성 사이의 매개자이다. 육신은 모든 사물 가운데 자신과 가장 가까이 있다. 하지만 육신은 자신의 의지에 의해 선택된 대상이 아니다. 타인의 타자성을 인식하기 위해서는 자신의 애정을 다른 사람과의 관계 속에서 알아보는 것이 필요하며, 타자를 인정하기 위해서 자신에 대한 긍정적 평가가 우선되어야 더욱 확고한 자기성을 경험할 수 있게 된다.

타자성을 통해 궁극적으로 자국의 것과 이국의 것 사이에는 결코 넘어설 수 없는 차이가 있다는 사실을 받아들이는 것이 필요하다. 다문화 가정으로서 완벽한 조화를 이루겠다는 생각으로 문제의 해결이나 적응을 서두르게 되면 오히려 모국적인 것에 대한 기억을 상실하도록 요구하게 되어, 결혼 이주 여성들이 스스로의 역사성을 부정하게 되고, 자신이 이주해 온 사회에 속한 사람들을 자신과는 다른 이방인으로 여기게 되는 결과를 초래할 수 있다. 자국적인 것과 이국적인 것이 일치를 위한 하나로 환원될 수 없음을 인정하고 받아들일 때, 오히려 자연스러운 조화로움이 꽃피게 될 것이다.

남편의 주사와 폭력을 견디다가 우울해진 베트남에서 온 이주 여성은 일곱 살인 아이가 폭력을 배울까 봐 매우 염려하고 있었고, 자신의 고향에 가서 위해를 가한다는 남편의 협박에 제대로 맞서지도 못하고 있었다. 이주여성의 HTP검사 중 나무 그림은 너무 빈약해 보였다. 게다가 뿌리와 가지가 아예 없어서 현재 가진 불안감과 관계의 빈약함 그리고 소통의 어려움을 그대로 드러내었다. 그림을 보며 이야기를 나누는 동안 흐르는 눈물을 주체하지 못했다. 현지에서 이루어진 결혼식의 화려함 이면에 함께 있었던 모국을 떠난 자로서의 새로운 정체성에 대한 인식을 결혼 생활의 현실을 통해 힘겹게 배워가고 있었다.

타자를 수용한다는 것은 자기를 중심으로 생각해 볼 때 자기와는 다른 타자를 존중하고 배려함으로써 자기를 세워가는 것을 말하는데 리쾨르는 타자를 지향함으로 제대로 확립해 갈 수 있는 자기성이 자기를 세워간다는 것을 강조한다. 이전에 낯설었던 것을 자기 자신의 것으로 만드는 것이 해석학의 궁극적인 목적이다.

타자와 그 환원 불가능한 타자성은 자아의 동일성을 강화하도록 자극하는 것이 아니라 오히려 자기 자신의 이타성을 만나도록 초대하는 것이다. 리쾨르의 '타자로서의 자기(oneself as another)' 개념은 단지 자기와 타자의 통합이 아니다. 보다 더 상호 주관적인 것으로 독특함과 동일함 사이의 변증법적인 것을 의미한다. 타자와 이야기, 텍스트와의 관계 속에서 형성, 재형성되는 자기는 해석학적인 자기(self)로서 세상을 이해하게 해준다. 타인과 직면 없는 자기는 없으며, 마찬가지로 자기의 개념 없이 타인을 이야기하는 것은 무의미하다. 따라서 이때 자아는 변증법적이다. 각 사람은 고유함을 가지고 태어나는데, 볼라스는 그 독특함이 타인과의 변증법적인 관계를 통해서만 정교화 된다고 한다. 다문화 가족의 부모교육 및 상담에서도 타자라는 텍스트를 읽고 고유의 언어를 배움으로 자신의 모국어를 더 잘 이해할 수 있게 되는 변증법적인 자기화의 여정을 걸어갈 수 있도록 도와야 할 것이다.

굳이 긴 경로를 택하는 것에 대한 답변을 리쾨르는 긴 경로 자체가 애쓸 가치가 있다고 주장한다. 이해를 추구하는 경로는 이해의 일부이며, 문제를 해결해서 없애기보다는 해명을 시도하는 긴 경로를 택한다. 레비나스는 타자와 더불어 내가 타자를 영접하고 대접할 때 진정한 의미의 주체성, 즉 환대로서의 주체성이 성립된다고 보았다. 그는 나아가 자신을 '타자의 볼모'라고까지 이야기한다. 이러한 환대를 통해 세계가 확장되는 경험은 보다 긴 시간과 많은 에너지를 필요로 할 것이다. 그럼에도 불구하고 긴 경로를 통한 이해의 추구는 내담자가 가지고 온 텍스트를 인정하고 자율적이도록 지지하는 것이 중요하다.

자신의 불안으로 인해 상대방을 서둘러 진단하고 평가하는 것에만 치우쳐 심리적 압박감을 주게 된다면, 애쓸 만한 가치가 있는 긴 우회로를 택하게 하지 못할 수 있다. 결국 우리는 같은 것을 다른 말로 하고 있지만, 그것을 이해하고 통합하는 과정은 내담자 스스로 세계 내 존재로서의 자신을 해석할 때 일어날 것이다. 더군다나 다문화 가족들은 문제 해결에 대한 자원이 취약하고, 상징의 장도 근본적으로 이질적이며, 언어적인 한계도 있다. 그러나 고유한 자율성을 인정하며 함께 머무르는 가운데 우회로를 선택한다면 의사소통의 다른 형태를 경험할 수 있을 것이다.

우즈베키스탄에서 온 이주여성과 결혼한 한국 남편의 어려움은 아내가 무슨 말만 하면 울고 고집을 부린다는 것이었다. 남편은 상담 과정 중 동적 가족화(KFD)를 그리면서 자신의 어려움을 잘 표현하였다. 아내의 손을 잡은 자신이 네 살짜리 아이를 목 가마에 태우고 가방까지 들고 있는 모습이었다. 아내의 위생개념이 달라 기본적인 가정생활을 영위하는 것조차 힘들었지만 상담을 통해 서로 다른 생활 습관이 있을 수 있음을 이해하고 아내의 애도 과정에 머물러 주는 가운데 아내의 문화와 관습에 대해 열린 마음을 가질 수 있었다. 항상 아내에게 가르치고 지시하던 남편은 아내의 모국 방문에 대해 먼저 제안하였다. 아내는 모국에 다녀 온 후에도 여전히 아이를 자주 씻기지 않아 냄새가 나는 등 바로 생활 습관이 바뀌지는 않았지만 남편이 아내에게 기다려 주겠다는 약속을 하였다. 남편의 이러한 인식의 전환은 가방을 내려놓고 조금은 편해진 자신의 이미지를 가질 수 있었다.

텍스트를 해석한다는 것은 주체가 자기 자신을 더 잘 또는 다르게 이해하기 시작한다는 것이다. 텍스트에 대한 앎이 자신에 대한 앎에서 완성된다는 것은 생각할 수 있는, 과거를 돌아보는 반성 철학과 연관되어 있으며, 상호작용적이다. 따라서 우리의 세계와 타문화의 세계라는 낯선 두 개의 지평 속에서 우회의 불명확성과 알지 못함(not knowing)의 자세를 유지하는 것이 중요할 것이다.

인간은 자신과 불일치하는 만큼 오류를 범하게 된다. 다문화 가정의 어려움은 우리 사회의 불일치를 보여 주는 한 단면이며, 우리 사회는 그들의 목소리를 들을 필요가 있다. "인종 차별은 중립적이지 않다. 언제나 감춰져 있는 어떤 믿음이다. 따라서 우리도 인종차별에 중립적일 수 없다"는 크리스티앙 들라캉파뉴(Christian Delacampagne)의 지적은 우리 사회의 배타적이며 편협한 태도를 돌아보게 한다.

리쾨르는 고독이란 우리가 흔히 생각하듯 여러 사람들과 있지만 혼자 있는 것 같은 외로움이나 혼자 살아가는 것, 혼자 죽는 것 등을 의미한다고 보지 않았다. 보다 근원적으로 고독은 "누군가 경험한 것이 완전히 똑같은 경험으로 다른 사람에게 옮겨질 수 없다는 것을 의미한다"고 하였다. 하지만 그럼에도 불구하고 현실에서 똑같은 것을 경험한 사람으로서가 아니라 경험한 것의 의미가 공유될 수 있다. 리쾨르는 바로 여기서 기적이 일어난다고 보았다. 체험된(lived) 것으로서의 경험은 여전히 개인적인 것이지만, 그 의미(sense와 meaning)는 공적인 것이 된다는 것이다. 우리는 이제 소통의 불가능성을 넘어설 수 있게 되는 것이다. 살아 있는 상대방과 이론 모두에게서 배운 것일 때 텍스트의 세계는 더욱 풍성해지고 함께 공유될 수 있다.

다문화 가족들을 이해하기 위해서는 어느 한쪽의 합병 없이 변증법적인 새로운 상호 관계를 맺어야 한다. 그러기 위한 출발점으로써 그들이 상실한 것에 대한 애도 과정이 갖는 의미를 함께 공유하는 것은 매우 의미있는 일이 될 것이다. 단지 슬픔을 잊는 것이 아니라 애도의 과정에 동참함을 통해 새로운 관계가 자신의 한 부분이 되었다는 의미를 발견하고 해석함으로 자신의 삶에 대한 새로운 안정감과 지향점을 찾는 여행을 떠날 수 있기 때문이다. 필자의 제한적인 경험으로 인해 북한이탈주민이나 결혼 이주남성을 다루지 못한 아쉬운 부분이 있지만, 다문화 사회 속에서 선주민과 이주민이 어떻게 서로 환대하며 살아갈 수 있는지에 대한 고민의 여정으로 나아가려 한다.

주

1. 서울가정법원 [부모 홈페이지] 참고

참고문헌

1. 논문 및 학술지

강진아, "대상관계 이론에 기초한 부모교육 프로그램 개발 및 적용 -위니 캇을 중심으로" 미간행 석사논문, 서울여대 대학원, 2011.

_____, "결혼 이주여성의 텍스트에 기초한 다문화 가족상담 -폴 리쾨르의 해석학을 중심으로" 「목회와 상담」 21(2013)

_____, "가정폭력을 경험한 부부에 대한 정서중심 부부치료 사례연구" 「가 족과 가족치료」 Vol. 25(2017)

강진아, 제오복 외, "배우자의 가해자 교정·치료 프로그램이수에 대한 피 해자의 경험 연구" 「한국가족관계학회지」 Vol. 23(2018)

노미경, "대상관계이론에 기초한 부모교육 프로그램이 모-자 관계에 미치 는 영향" 미간행 석사논문, 명지대학원, 2003.

박종옥, "어머니의 대상관계 및 양육 태도가 아동의 공격성에 미치는 영 향" 미간행 석사논문, 숙명여대 대학원, 2005.

유인숙, "대상관계이론에 따른 예비부모교육프로그램이 자존감 및 부모 자질에 미치는 영향" 미간행 석사논문, 신라대 대학원, 2006

정연득, "Paul Ricoeur's Hermeneutics of the Self and Pastoral Theological Anthropology" 「목회와 상담」 18(2012)

Burness E. Moore & Bernard Fine. (1990). Psychoanalytic terms & Concept. American Psychoanalytic Association.

Irene P. Stiver. (1991). "The Meanings of 'Dependency' in Female-Male Relationships" in Women's Growth In Connection: Writings from the stone Center, eds. Judith V. Jordan and et al. Newyork: Guilford Press.

Jeong Youn Deuk. (2006). The Idiomatic Self: A pastoral Theological Response to The Crisis of the Self-community in the Korean Context. Princeton Theology Seminary, New Jersey.

Katz, J. (1980). Book review of Melanie Klein by Hanna Segal. New York: Viking Press.

Segal, Hanna. (1998). Introduction to Melanie Klein. New York: Fortress.

2. 도서

강혜정,『투사적 동일시, 너를 들이쉬고 나를 내쉬다』(서울: 씨이오메이커, 2022)

김현경,『사람, 장소, 환대』(서울: 문학과지성사, 2015)

최상진,『한국인 심리학』, (서울: 중앙대학교 출판부, 2003)

Arendt Hannah.『예루살렘의 아이히만』김선욱 역, (서울: 한길사, 2006)

Bollas, Christopher.『대상의 그림자, 사고되지 않은 앎의 정신분석』이재훈, 이효숙 역, (서울: 한국 심리치료연구소, 2010)

Davis, Madeleine & Wallbridge.『울타리와 공간』이재훈 역, (서울: 한국 심리치료연구소, 2002)

Delacampagne, Christian.『인종차별의 역사』하정희 역, (경기: 예·지, 2013)

Elliot, Anthony.『자아란 무엇인가?』김정훈 역, (서울: 삼인, 2007)

Freud, Sigmund. 『정신분석학의 근본개념』 윤희기, 박찬부 역, (서울: 열린책들, 1997)

___, 『자유연상』 최정우 역, (서울: 이제이북스, 2005)

Gadamer, Hans Georg. 『진리와 방법 2』 임홍배 역, (서울: 문학동네, 2012)

Greenberg, Jay R. & Mitchell, R. Stephen. 『정신분석학적 대상관계이론』 이재훈 역, (서울: 한국 심리치료 연구소, 1999)

Hare, Robert D. Psychopathy. 『진단명: 사이코패스 우리주변에 숨어있는 이상인격자』 조은경, 황정하 역, (서울: 바다출판사, 1993)

Kelly, Erin Entrada. 『우리는 우주를 꿈꾼다 - 가족은 복잡한 은하다』 고정아 역, (서울: 밝은미래, 2020)

Klebold, Sue. 『나는 가해자의 엄마입니다』 홍한별 역, (서울: 반비, 2016)

Kohut, Heinz. 『자기의 분석』 이재훈 역, (서울: 한국 심리치료연구소, 2002)

Lessing, Doris. 『분노와 애정』 김하현 역, (서울: 시대의 창, 2018)

Mahler, Magaret S. 『유아의 심리적 탄생』 이재훈 역, (서울: 한국 심리치료연구소, 2001)

Masterson, M. D. James, F. 『참자기』 임혜련 역, (서울: 한국 심리치료연구소, 2000)

Michael de Saint Cheron. 『임마누엘 레비나스와의 대담 1992-1994』 김웅권 역, (서울: 동문선, 2006)

Mitchell, Stephen A & black, Margaret J. 『프로이트 이후: 현대정신분석학』 이재훈, 이해리 역, (서울: 한국 심리치료연구소, 2002)

Nelsen, Jane & Erwin, Cheryl.『넘치게 사랑하고 부족하게 키워라』조형숙 역, (서울: 프리미엄북스, 2001)

Nisbett Richard E.『생각의 지도』최인철 역, (서울: 김영사, 2004)

Ricoeur, Paul.『타자로서의 자기』김웅권 역, (서울: 동문선, 1990)

____,『해석이론』김윤성, 조현범 역, (서울: 서광사, 1994)

____,『번역론』윤성우, 이향 역, (서울: 철학과 현실사, 2006)

Scharff, David E. & Scharff, Jill Savege.『대상관계 가족치료 1』이재훈 역, (서울: 한국 심리치료연구소, 2006)

Segal, Hanna. Melanie Klein,『멜라니 클라인』이재훈 역, (서울: 한국 심리치료연구소, 1999)

Simms, Carl.『해석의 영혼 폴 리쾨르』김창환 역, (서울: 앨피, 2004)

Stefan, Inge,『프로이트를 만든 여자들』이영희 역, (서울: 새로운사람들,1996)

Summers, Frank.『대상관계이론과 정신병리학』이재훈 역, (서울: 한국 심리치료연구소, 2004)

Teyber, Edward.『상담 및 심리치료 대인과정 접근』장미경 외 역, (서울: 시그마프레스, 2000)

Wallin, David J.『애착과 심리치료』김진숙, 이지연, 윤숙경 역, (서울:학지사, 2010)

Winnicott D. W.『성숙과정과 촉진적 환경』이재훈 역, (서울: 한국 심리치료연구소, 2000)

____,『놀이와 현실』이재훈 역, (서울: 한국심리치료연구소, 1998)

____,『박탈과 비행』이재훈, 박경애, 고승자 역, (서울: 한국 심리치료연구

소, 2001)

Bollas, Christopher. (1987). *The Shadow of* the object. New York: Columbia University Press.

3. 기타

- https://kosis.kr/statHtml「인구동향조사」, 통계청 (자료갱신일: 2022)

- https://parents.scourt.go.kr 대한민국법원이 만든 부모 홈페이지

- https://news.sbs.co.kr/news/endPage.do?news_id=N1005774122 "나의 용기로 사회가 바뀌었으면"

- 유엔「아동권리협약」UNCRC(United Nations Convention on the Rights of the Child) 제12조

- 가사소송규칙 100조 [시행 2019. 8. 2.] [대법원규칙 제2856호, 2019. 8. 2., 일부개정]

-「민법」제834조, 제837조, 제839조, 제840조

**부모교육 및 상담을 위한
정신역동의 이해**

ⓒ 강진아, 2023

초판 1쇄 발행 2023년 10월 20일

지은이   강진아
펴낸이   이기봉
편집   좋은땅 편집팀
펴낸곳   도서출판 좋은땅
주소   서울특별시 마포구 양화로12길 26 지월드빌딩 (서교동 395-7)
전화   02)374-8616~7
팩스   02)374-8614
이메일   gworldbook@naver.com
홈페이지   www.g-world.co.kr

ISBN   979-11-388-2400-2 (03180)